Um monge que se
impôs a seu tempo
pequena Introdução com antologia
à vida e obra de
São Bernardo de Claraval

Biblioteca
do Reino
volume 15

Dados Internacionais de Catalogação na Publicação (CIP)
(Câmara Brasileira do Livro, SP, Brasil)

Santos, Luis Alberto Ruas
    Um monge que se impôs a seu tempo : pequena introdução com antologia à vida e obra de São Bernardo de Claraval / Luis Alberto Ruas Santos. — São Paulo : Musa Editora ; Rio de Janeiro : Edições Lumen Christi do Mosteiro de São Bento, 2001.

Bibliografia
ISBN 85-85653-53-1 (Musa)

1. Bernardo de Clairvaux, Santo, 1090-1153 2. Cistercienses I. Título. II. Título : Pequena introdução com antologia à vida e obra de São Bernardo de Claraval.

01-0294   CDD–282.092

Índices para catálogo sistemático:

1. Santos : Igreja Católica : Biografia e obra
282.092

Pe. Luis Alberto Ruas Santos O. Cist.

Um monge que se impôs a seu tempo
pequena Introdução com antologia à vida e obra de
São Bernardo de Claraval

Prefácio de
Luiz Paulo Horta

Apresentação de
Irineu Guimarães

EDITORA

Edições
LUMEN
CHRISTI

© *Abadia de Nossa Senhora de Hardehausen, Itatinga, SP., 2000*

Capa: *Saint Bernard du Retable de Clairvaux, Musée des Beaux-Arts, Dijon, France.*
Editoração eletrônica: *Eiko Luciana Matsuura*
Fotolito: *Laserprint*
Revisão: *Ir. João Evangelista de Paula O. Cist.*

Todos os direitos reservados.

Rua Cardoso de Almeida, 2025
01251-001   São Paulo SP
Telefax: (0**11) 3871 5580
         (0**11) 3862 2586
e-mail: musaeditora@uol.com.br
site: www.editoras.com/musa

Edições
LUMEN
CHRISTI

Mosteiro de S. Bento
Rua D. Gerardo, 68
Caixa Postal 2666
20001-970   Rio de Janeiro
Tel.: (**21) 291-7122
Fax: (**21) 263-5679

Impresso no Brasil • 2001 • (1ª reimpressão)

Dedicatória

Ao Pe. Charles Dumont ocso, monge da Abadia de Scourmont, na Bélgica, com gratidão por sua amizade e por tudo que me transmitiu sobre São Bernardo.

Sumário

PREFÁCIO 11
APRESENTAÇÃO 19
   O Homem Bernardo 21
   O Fundador de Mosteiros 24
   Pai, irmão e amigo. 25
   Instropectivo mas aberto, delicado mas enérgico 26
   Diplomata e mediador 27
   Contradições 28
   O Santo: teólogo e místico 29

I. INTRODUÇÃO 33

II. A VIDA DE SÃO BERNARDO: UM HOMEM PROVIDENCIAL
EM UM TEMPO DIFÍCIL 39
   1. Infância e primeiros anos da juventude 39
   2. A época de São Bernardo: os cistercienses 41
   3. A espiritualidade cisterciense 46
   4. O jovem monge em Cister 51
   5. O período mais intenso de sua vida: de 1130 a 1148 54
   6. Os últimos anos: 1148–1153 55
   7. Traços psicológicos 59
   8. O "*Pius Pater*" 68
   9. O homem que se revela plenamente em suas amizades 81
   10. O Homem Público 91

III. SÍNTESE DA DOUTRINA ESPIRITUAL DE SÃO BERNARDO 101
   1. Introdução 101
   2. Os temas da paz e da mútua procura da criatura e do Criador .. 103
   3. Condições sob as quais se dá mútua procura de Deus e do homem ... 104

Sumário

4. A mediação do Verbo Encarnado, sacramento do encontro
   entre o homem e Deus 109
5. A passagem do amor sensível ao amor espiritual: do Verbo-Carne
   ao Verbo-Santidade 113
6. Conclusão: a busca da paz sem fim 117

IV. ATUALIDADE DE SÃO BERNARDO E DOS CISTERCIENSES 119

V. SÃO BERNARDO E A PRODUÇÃO ARTÍSTICA DOS CISTERCIENSES . 123
1. Introdução 123
2. Princípios que orientaram a produção artística dos cistercienses.
   Exame de alguns textos. 125
3. A reforma cisterciense do canto gregoriano 135

VI. OBRAS DE SÃO BERNARDO 143
VII. PEQUENA ANTOLOGIA 147
1. A personalidade de Bernardo 147
   Carta 324 ao Abade Roberto de Dunes 147
   Carta 70 ao Abade Guido de Trois-Fontaines 148
2. Bernardo satírico 150
   Tratado sobre os graus da humildade, n° 42 e 43 150
3. O pescador de vocações 151
   Carta 106 ao mestre Henrique Murdach 151
4. Bernardo pregador monástico 153
   Terceiro Sermão para a festa da Circuncisão do Senhor 153
   Carta 322 a Hugo, noviço e mais tarde abade de Bonneval . 157
   Carta 143 a seus monges de Claraval 159
   Sermões Diversos, n° 42, 4 161
   Sermões Diversos, n° 40, 7 161
   Apologia VII, 13 162
   Sexto Sermão para a Ascensão, 7 e 8 163
   Sermão sobre o Cântico 46, 5-6 165
5. O tema da mútua busca do Verbo e do homem 166
   Sermão sobre o Cântico 84, 5-7 167
6. Uma mística sólida e realista 168
   Terceiro Sermão para a Ascensão, 1-2; 6-8 169

Sumário

7. As diferentes espécies de amor 172
   Sermão sobre o Cântico 20, 4, 8 e 9 172
8. Características e propriedades do amor esponsal que une a alma ao Verbo 174
   Sermão sobre o Cântico 83, 2-6 174
9. As visitas do Verbo 177
   Sermão sobre o Cântico 32, 2-3 177
   Sermão sobre o Cântico 74, 5-6 178
10. A Cristologia de Bernardo 180
    Primeiro Sermão para o Advento, 6-7 180
    Tratado do Amor de Deus VII, 22 181
    Sermões Diversos, nº 29, 3 181
    Terceiro Sermão para a Ascensão, 3-4 182
11. A Mariologia de Bernardo 183
    Sermão sobre o Cântico 29, 8 183
    Em louvor da Virgem Maria 1, 5-7 184
    Em louvor da Virgem Maria 2, 1-2 e 4 185
    Segundo Sermão para o Advento, 5 186
12. A antropologia de Bernardo 186
    Tratado do Amor de Deus II, 2 e 3 186
    Tratado da Graça e do Livre-arbítrio, 6, 7 e 16 187
    Sermão sobre o Cântico 81, 11 188
    Sermão sobre o Cântico 83,1 188
    Sermão sobre o Cântico 80, 2 e 3 188
    Tratado da Graça e do Livre-arbítrio, 28 189
    Sermão sobre o Cântico 81, 4 e 6 189
    Tratado da Graça e do Livre-arbítrio, 32 190

VIII. PEQUENA BIBLIOGRAFIA 191
   1. Para conhecer a vida de São Bernardo 191
   2. Para conhecer as obras de São Bernardo 191

IX. BREVE CRONOLOGIA 193
   1. A vida de São Bernardo 193
   2. O Tempo de São Bernardo 194

Sumário

X. Mosteiros Cistercienses no Brasil 197
    Ordem Cisterciense – O . Cist. 197
        Ramo Masculino 197
        Ramo feminino 198
    Ordem Cisterciense da Estrita Observância – Ocso (monges) 198

Prefácio

Luiz Paulo Horta

A *Pequena introdução à vida e obra de São Bernardo de Claraval*, do padre Luis Alberto Ruas Santos, com seu jeito despretensioso nos leva ao âmago do século XII, o século de São Bernardo.

Personalidade fascinante, Bernardo exerceu, do fundo do seu claustro, a maior influência imaginável. Detalhe: não buscou a fama. Fama e influência chegaram como efeito natural de uma personalidade invulgar.

Paradoxo: o homem que quis e realizou a vida conventual estrita foi o de maior irradiação no seu tempo; o que bastaria para derrubar a oposiçao artificial entre ativos e contemplativos. Sua base está nas cercanias de Dijon que foi a capital do ducado de Borgonha – um ápice de civilização, com inúmeros monumentos e testemunhos de alto valor cultural, como a célebre basílica de Vézelay.

Teve ótima educação – de que resultou, entre outras coisas, um esplêndido estilo (em latim). Aos 22 anos entrou para um pequeno mosteiro, Cister (Citeaux), recém-fundado. Arrastou a família com ele, o que já deixa vislumbrar o seu carisma.

Aquele é um período de glória cristã; mas também é um período de revisão geral. Para um cristão, e sobretudo para um monge, tratava-se de rever os laços com o tempo, e a própria vida religiosa. No século X surgira Cluny, glória da vida abacial. Tão esplendorosa, de fato, que acabou estimulando o ânimo de reforma – porque muita opulência não combina com a vocação monástica.

Um precursor de Bernardo, neste sentido, é Roberto de Molesmes. Um outro é São Bruno, pai dos cartuxos.

Cister é fundada em 21 de março de 1098. O que queriam aqueles monges que se inspiravam no modelo de São Bento? A vida contemplativa, na sua concepção original. Bernardo e seu grupo chegam a Cister em 1113. Dois anos depois, ele já está de partida para a fundação de Claraval (Clairvaux, "claro vale"), onde ele vai ser o precocíssimo abade.

O curioso é que a época entendia essas histórias; achava que essa dedicação total a Deus era a vocação mais alta (no Oriente, imperadores também foram atrás de eremitas, aqueles que têm a perspectiva correta, o distanciamento necessário).

O que era essa vida? Trabalho no campo, e longas horas dedicadas à *Lectio Divina* – a leitura meditada das Escrituras. O segredo de Cister, ou de Clairvaux: eremitismo mais a comunhão fraterna. E pobres, sobretudo pobres – ao contrário das grandes abadias da época; antecipando São Francisco, que viveria uns 100 anos depois. A base? São Bento, a Regra no seu espírito original, sem acréscimos e mitigações. Simplicidade e despojamento. "Ao homem decaído e tornado "complicado" pelo pecado – diz o autor desta densa ainda que concisa Introdução – resta a via da unificação interior através da conformação à vontade divina. Vencida a vontade própria, o homem pode reencontrar sua simplicidade original". Viviam, os monges, do próprio trabalho, radicais no despojamento, também quanto à liturgia e à decoração das igrejas.

Por que tanta austeridade? Não era masoquismo. O sentido é um só: "*vaccare Deo*", abrir espaço para Deus, eliminar o que seja obstáculo ao Grande Encontro. "O silêncio exterior – diz o livro – é apenas a face tangível de uma realidade diferente: a intensidade e a riqueza do diálogo interior com Deus".

Bernardo não chegou perfeito ao mosteiro. Ele mesmo contou esse roteiro de progresso espiritual; e por isso toda vida de santo é um modelo: eles são iguais a nós – pelo menos no início do caminho.

Aos 25 anos ele é abade em Clairvaux. Exagerou nas penitências; ficou doente; mas sua influência já se faz sentir. Ele é chamado para dar parecer em concílios. Escreve com desenvoltura às maiores autoridades civis e religiosas.

1130 é um tempo amargo para a Igreja, com a eleição de dois papas adversários. Crise que só terminaria em 1138, com a morte de um deles.

Em 1145 é eleito papa um antigo monge de Clairvaux. É o auge do prestígio para Bernardo: o papa é seu ex-pupilo.

Em 1146 prega-se uma nova Cruzada, e Bernardo está à frente do movimento. Em Vézelay – onde hoje se vê a esplêndida igreja românica – ele lê a Bula do Papa e faz um ardoroso sermão, animando os cruzados.

Hoje, não é muito fácil entender isso. Para a época, era legítimo e santo. Alistando todo tipo de gente, a Cruzada oferece a todos uma oportunidade de salvação, de abandono de vidas às vezes infames, em nome da libertação da Terra Santa (o choque entre religiões, na época, não é mitigado por qualquer consideração "ecumênica" – conceito que surge muito, muito depois; e tanto o cavaleiro cruzado como o infante muçulmano viam na batalha um modo de afogar o egoísmo num plano heróico de superação e transcendência).

A Cruzada foi, como se sabe, um completo fracasso – pelo menos do ponto de vista prático. Mas, nesse meio tempo, Claraval espalhava células monásticas, às dezenas, por toda a Europa. O que é um mosteiro? Define este belo livrinho: "Escola de caridade onde Cristo é o mestre e a disciplina ministrada é o amor".

O abade, enquanto isso, amadurecia. Os que o conhecem, nessa época, já não disfarçam a admiração.

Ele podia ser severo; mas com ninguém mais que consigo mesmo. Uma de suas maiores obras é um comentário ao *Cântico dos Cânticos*. "Ele soube rir de si mesmo", diz o livro, "confessou-se fraco". E ainda: "era um apaixonado que soube dominar-se". Na vida e na obra, não é a emotividade que comanda.

Neste sentido, o livro do pare Luis Alberto também é um precioso estudo psicológico. Um monge conhece as almas, sabe do que elas são feitas.

Escreve um contemporâneo de São Bernardo: "Vimos um homem que tinha algo de um super-homem. Alguns irritavam-se contra ele, seja por suas atividades, seja por suas admoestações. Queixavam-se em sua ausência. Mas, ele estando presente, os sentimentos rancorosos logo amainavam, e eles chegavam a culpar-se por terem criticado o santo homem. Pois sua face transmitia a paz e a reverência, ao mesmo tempo que um reflexo da majestade divina, acompanhado de uma delicada caridade".

Foi um verdadeiro pai espiritual. Diz outro contemporâneo: "Que homem notável para aconselhar! Sabia penetrar tão bem os desvãos de uma consciência doente que quem ia confessar-se com ele poderia acreditar que ele havia assistido e visto tudo" (o mesmo se dizia do Cura d'Ars).

Ele enfatizava a necessidade da direção: "Por isso recomendo-vos, tenras plantas de Deus, que ainda careceis de uma fina sensibilidade para discernir o bem do mal: não sigais vosso próprio parecer, não vos deixeis levar pelo próprio julgamento, não aconteça que esse caçador astuto vos engane como a incautos ignorantes ... Peço-vos que vos humilheis sob a poderosa mão de Deus, vosso pastor, e escuteis os que conhecem melhor as manhas desses caçadores, já que se formaram pela experiência própria e alheia e também por sua ascese, exercida em repetidas provas ao longo dos anos".

Elogio da disciplina, da ascese. Mas ele também podia se comportar com instinto dir-se-ia maternal: "Para a recuperação do que caiu — pondera o autor deste livro — não se deve recuar nem mesmo diante da humilhação de revogar as próprias medidas punitivas". Numa carta, São Bernardo ensina que "se fosse pecado ser misericordioso, não poderia deixar de cometê-lo mesmo que me empenhasse contra isso com todas as minhas forças".

Como ensinava? "Conforme a regra de São Bento — explica o padre Luis Alberto — o pastor deve ensinar mais por exemplos do que por palavras, pois de outro modo (agora São Bernardo) "suas palavras serão menos saborosas" e os que estão sob seus cuidados "menos desejosos de as ouvir". Além disso — completa o autor —, sem humildade e desconfiança da própria sabedoria não pode haver direção segura, mas sim presunção e imposição.

Dentro de tudo isso, era um hipersensível — e o estudo, nesse ponto, quase beira a psicanálise, feita com enorme finura.

O que há a dizer de um grande místico! Quantas vezes já se tentou desviar o fenômeno para o campo da histeria!

O contrário é que é verdadeiro. Um percurso como o de São Bernardo é um aprofundamento que leva ao conhecimento de si mesmo e das nossas raízes divinas. O dom divino da caridade — explica o autor – passa pelo plano da natureza ("pois todo amor começa pela carne", diz São Bernardo) sem aí nada destruir, e desde logo o que é meramente humano, os laços de simpatia e de afeição entre duas pessoas, é elevado a um plano sobrenatural.

O padre Luis Alberto cita Adele Fiske, em alentado estudo sobre São Bernardo que mostra a importância, na sua obra, dos conceitos bíblicos da imagem e semelhança – aliás, uma das chaves da sua teologia mística. Bernardo propõe uma ascese de restauração da semelhança perdida, através do amor.

A imagem divina e perdida que permaneceu no homem está na sua vontade, mesmo que frequentemente inclinada para o mal. O esforço ascético busca justamente essa reorientação da vontade, gerando um perfeito acordo no amor.

Não, não é uma coisa árida, essa caridade cristã, não é uma subida ao Kilimandjaro, em que se morre por falta de ar. E assim o livro, passo a passo, vai aprofundando o estudo da alma de um místico. "Parece que seu grande testemunho nesse aspecto – e seu grande mérito – foi não ter permitido que o humano se corrompesse pelo demasiado humano. Sua profunda afetividade fez dele um amigo privilegiado, mas, como já se observou, os dotes naturais isoladamente considerados constituem uma explicação insuficiente. Bernardo tinha perfeita consciência da presença de Deus nas almas, e deixou-se guiar pela caridade" – que é um modo de se sair de si mesmo, na direção do outro ou do Outro.

Tensões? Sim, sendo a mais óbvia o confronto entre um ideal monástico e a influência avassaladora sobre o seu tempo, que nenhum abade igualou, antes ou depois. Bernardo lembra um João Paulo II, homem de oração e homem de ação, personagem privilegiado da História.

Mas essa influência "no tempo" tinha um mote, um leme: "Quem me dera poder contemplar, antes da minha morte, a volta da Igreja aos belos tempos apostólicos, quando estendia as redes para apanhar almas, e não para pescar riquezas de ouro e prata!" Ele via o risco do que ia acontecer um pouco depois: uma Igreja vergada ao peso da riqueza, porque os mais altos cargos eram disputados e conquistados, muitas vezes, pelos nobres.

Para além das dúvidas de um homem que viveu a sua época, fica uma lição esplêndida, uma grande mística. O padre Luís Alberto resume: "O tema da procura mútua de Deus e do homem perpassa toda a obra de Bernardo. Nada parece tê-lo apaixonado mais que abordar essa história de amor. A paz virá como fruto do amor, do encontro da criatura com o seu Criador, num perfeito e totalmente livre acordo de vontades, de tal modo que nada se interponha entre ambos". Poder-se-ia dizer: como uma música. E finalmente, um resumo magistral da aventura cristã – e da espiritualidade isterciense: "De acordo com o livro do Gênesis, o homem foi criado à imagem e semelhança de Deus. A imagem reside no fato de o homem ter recebido Dele uma vontade livre e a capacidade de se autodeterminar. De fato, Deus é soberanamente livre em suas escolhas, e comunicou ao homem este poder. Com o pecado original, contudo, o homem não perde sua verdadeira natureza e sua qualidade de imagem de Deus, mas esta fica de algum modo deformada. A alma tornou-se desordenada em suas três faculdades: a razão não vê mais com clareza, a vontade é fraca e não escolhe o bem, e a memória guarda as más lembranças do pecado. Da mesma forma, não conhece, não ama nem recorda Deus. Há agora uma certa dessemelhança, pois não escolhe mais espontaneamente o bem.

"É possível, contudo, restabelecer a semelhança perdida graças à sua condição de imagem e seu poder de "ser como Deus", mas em sua dependência."

"Capaz de Deus por ser sua imagem, a alma pode retornar à sua condição original. Há uma afinidade básica entre esses dois pólos infinitamente distantes ao nível da natureza, e uma possibilidade de encontro através do amor, sendo o próprio Deus o Amor. Pois o amor é fruto da vontade livre que quer unir-se ao outro."

Assim, embora a sublimidade de Deus seja um fator de afastamento, a semelhança da alma humana com a natureza divina constitui um fator mais forte de aproximação."

"A alma tudo pode ousar no amor, mas não está em condições de se redimir a si mesma nem de buscar a Deus por suas próprias forças. Para elevar-se e encontrar o caminho do retorno a Deus, será necessário que a Graça salve a liberdade, e que esta consinta em ser salva."

"Por outras palavras, o homem deverá, sob a inspiração da Graça, buscar a restauração da imagem divina que nele reside, renunciando a uma falsa liberdade exercida contra e independentemente de Deus e da sua aliança de amor".

Pe. Luis Alberto Ruas Santos O. Cist.

Apresentação

IRINEU GUIMARÃES

Os medievalistas modernos consideram a passagem do primeiro para o segundo milênio de nossa era como um momento extraordinário de nossa civilização, extraordinário em seus dramas e em suas promessas. É necessário mergulhar por inteiro naquele clima de fim de Idade Média (que o preconceito iria denominar mais tarde de "era da escuridão"), para sentir e identificar a euforia e os medos que despertavam na alma dos homens os primeiros raios de um nova era. Os antigos valores continuavam a vigir: No plano religioso, Roma permanecia a referência máxima; no plano político, as instituições imperiais pareciam eternas de fato e de direito, e no plano econômico, os costumes e usos feudais se apresentavam como praticamente inabaláveis.

Mas o ocidente cristão estava sitiado pelo islamismo e as forças da cristandade davam mostras de confusão e esgotamento no esforço de organização de sucessivas Cruzadas. Por outro lado, a rotina das cortes feudais encontrava uma nova animação em seus pátios e salões onde bardos cruzavam com guerreiros e o romance acompanhava a cavalaria. Curiosamente, a confusão atingia até mesmo os claustros dos mosteiros onde luxo e devassidão conviviam com demonstrações heróicas de ascese e santidade. No plano intelectual, os desafios dos novos valores abalavam as estruturas de antigos conceitos que até então não admitiam contestação.

É neste quadro inédito que nasce Bernardo de Claraval, uma das figuras mais eminentes que se ergue no portal desta passagem entre dois milênios. O monge cisterciense carioca, Luis Alberto Ruas Santos, apresenta aqui um perfil de São Bernardo que tenta mostrar ao mesmo tempo o homem e o santo. Trata-se de um trabalho precioso, na medida em que até agora não tínhamos praticamente nada em português sobre esta figura excepcional. Não fossem os outros méritos do estudo, só por isso, o livro do Padre Luis Alberto já mereceria destaque. É claro que ele não tem a menor pretensão de apresentar uma obra exaustiva. Seu trabalho tem, neste sentido, o mérito de uma boa introdução.

É de se lamentar que o autor não tenha querido (ou talvez podido) se demorar um pouco mais sobre os primeiros anos da biografia de uma das personalidades mais iluminadas do último milênio. Não conhecemos praticamente quase nada da infância de São Bernardo. Mas é claro que uma descrição mais alongada dos usos e costumes do castelo familiar de Fontaines-lès-Dijon nos ajudaria a situar melhor Bernardo no contexto dos condicionamentos de sua infância: o homem está no menino. Do pai, Tecelino, sabe-se apenas que era um dos cavaleiros do Duque de Borgonha, mas que certamente desfrutava de alguma primazia entre os pares, pois era proprietário de castelo. A respeito da mãe, Alete de Montbard, também com certeza descendente da nobreza borguinhona, constam somente algumas breves observações de praxe sobre sua virtude e piedade que a teriam levado, desde muito cedo, a prever para o filho uma carreira clerical.

O autor lembra ainda que Bernardo fez os primeiros estudos na cidade de Châtillon, sob a direção dos cônegos de Saint Vorles. Qualquer que tenha sido o status deste colégio de cônegos, o que é certo é que Bernardo adquiriu, ainda muito jovem, uma boa cultura clássica e um domínio perfeito da língua latina, a ponto de ser considerado, e com muita justiça, um dos melhores autores latinos de seu tempo. O latim de São Bernardo é agradável e bonito, muito próximo do estilo de Santo Agostinho, de quem ele herda uma tendência acentuada para as inversões elegantes e lindas frases de efeito.

Mas tudo isto é relativamente muito pouco. Gostaríamos de saber mais sobre a adolescência do jovem Bernardo, sobre suas companhias de juventude, sobre suas dúvidas e hesitações na época da escolha da vocação. À falta de informações mais sólidas, dispomos apenas de algumas poucas histórias que têm mais feição de lenda que de documento. Como a da visão do nascimento de Jesus Cristo. A história desta visão poderia ser uma tentativa de explicação *a posteriori* da paixão do santo pelo mistério da Encarnação e da Redenção. Como veremos adiante, para São Bernardo teólogo e místico, o fato de o Filho de Deus ter assumido a natureza humana é a chave do reencontro do homem com Deus, depois da queda do pecado original.

Mas até mesmo estas lendas são relativamente escassas. Sabemos que Bernardo ficou órfão de mãe aos 13 anos e que, aos 22, depois de entrar numa igreja para um momento de recolhimento, teve a certeza inabalável de que queria ser monge. E monge num mosteiro cisterciense. Mas não sabemos o que ocorreu entre esta decisão e a execução do plano. São inúmeras as hipóteses, (realmente muito prováveis), sobre as resistências da família contra a decisão. Estes episódios favoreceram, por sua vez, o surgimento de outras histórias maravilhosas.

Consta, por exemplo, que São Bernardo era dotado de uma formosura singular e de um poder de persuasão simplesmente irresistível. Ao final de uma reunião de família em que tentava explicar sua vocação, teria acabado convencendo todos os participantes a seguirem seu caminho e arrastado consigo um total de trinta pessoas, entre quatro irmãos, primos e amigos. Mais tarde, seu irmão mais novo, seu próprio pai e até a irmã, Umbelina, entrariam também para o claustro cisterciense.

O mais provável é que o grupo familiar se tenha organizado em comunidade de oração e recolhimento sob a liderança de Bernardo, para uma experiência probatória, antes de se internar definitivamente na clausura. O que existe de exato nestes fatos é sempre cercado de uma auréola de lenda que, para nós, mesmo sendo lenda, acaba enriquecendo a informação. Neste episódio, por exemplo, o que há de lendário confirma este dom de liderança excepcional que fazia de Bernardo um condutor de homens. E é por aí que vamos estudar, no Santo, o homem.

O Homem Bernardo

Só poderemos entender a personalidade excepcional de São Bernardo se conhecermos melhor a conjuntura especial em que ele viveu.

Bernardo chega à plenitude da maturidade no tempo em que o mundo entra em regime de mudanças radicais. Os conflitos entre o papado e o império e a fermentação herética no sul da França durante o período de sua vida estão na origem de dois fatos marcantes do século seguinte. Alguns decênios após sua morte, o Papa Inocêncio III assumia, num ambiente de imenso prestígio, o governo da Igreja, e o Rei de França chegava ao poder na hora em que a dramática Cruzada contra Raimundo VI de Tolosa e contra os Albigenses favorecia a dinastia dos Capetianos. Os muçulmanos continuavam na Espanha e em Granada, e a instalação de um reinado latino em Jerusalém tornava ainda mais evidente o medo que despertava o islamismo. A Cristandade, moldada nas formas geográficas e culturais do Império Romano, pensava ter recrutado a humanidade inteira e realizado na terra a "cidade de Deus". Mas agora a Igreja percebia com clareza que a fé havia tocado apenas uma parte da humanidade e que o universo real continha imensos recursos absolutamente profanos.

Em um de seus estudos sobre Santo Tomás de Aquino e sua época, o Padre Chenu analisa com extraordinária competência os pontos essenciais desta conjuntura, numa página brilhante que faço questão de reproduzir aqui, em tradução mais ou menos livre[1].

Havia já três séculos a Igreja decidira assumir a responsabilidade do grandioso esforço de organização que, após o caos das invasões dos bárbaros, tinha desembocado no feudalismo. A Igreja havia dado sua alma a uma economia dominial na qual o mosteiro era a réplica religiosa do castelo senhorial. Ainda bem recentemente, Cister, renunciando aos benefícios feudais, havia renovado esta aliança com a terra. A Igreja havia sacramentado o juramento que selava os laços desta sociedade e exaltava, com a fidelidade, as virtudes evangélicas da justiça e da caridade. Ela abençoava as armas do cavaleiro para que elas se pusessem, contra todo e qualquer perjúrio, "ao serviço das viúvas e dos órfãos, e de todos os servos de Deus, contra a perversidade dos bárbaros". A própria cavalaria se tornava assim uma instituição de paz. Entrando até mesmo no terreno da fiscalização, a própria Igreja havia constituído, com os bens que lhe rendiam o dízimo, um serviço de segurança social, verdadeira política da misericórdia que aliviava as calamidades freqüentes,

---

1. M.D. Chenu. *Saint Thomas D'Aquin et la Theologie*. Aux éditions du SEUIL. Collection *Maîtres Spirituels*. Paris, 1959, p. 6-7.

compensando, quase que juridicamente, o permanente desequilíbrio da distribuição de renda. A hospitalidade, organizando em regime consuetudinário o conselho do Evangelho, estendia à vida cotidiana as trocas, mudanças, acidentes e benefícios deste direito social.

As escolas, nascidas à sombra dos mosteiros e das igrejas, alimentadas intelectual e financeiramente pelo clero, viviam sob a jurisdição eclesiástica que administrava seus programas e sua economia. Em resumo, a Igreja se havia transformado em suporte e garantia de uma sociedade da qual ela própria era a primeira beneficiária: tudo isto constituía uma bela "Cristandade".

Chenu continua, afirmando que um sucesso de três séculos acabara conferindo a este engajamento uma aparência de verdade imutável. Por isto, os corpos eclesiásticos viam com maus olhos as aspirações que ameaçavam a ordem estabelecida. A solidariedade que prendia prelados e senhores nos laços da mesma tradição e do mesmo conforto reforçava com interesses econômicos a resistência moral. Satisfeitos com a caridade organizada de que detêm os comandos, estes "corpos" se interessam muito pouco pelas evoluções em curso na condição social dos artesãos e dos camponeses. Apreciando o valor da fidelidade e a qualidade religiosa do juramento eles não são favoráveis às cartas de alforria que não podem se obter sem violência, e, considerando a "servidão" como uma condição humana honrosa e permanente, não conseguem reconhecer, nessas promoções coletivas, uma aplicação oportuna da estima que eles próprios têm pelos valores espirituais, e até mesmo pelo próprio Evangelho. Da mesma maneira, no plano político, eles não conseguem perceber o alcance do movimento das Comunas, que muitos prelados consideram como o simples efeito de turbulências malsãs: A grande maioria do episcopado permaneceu indiferente ou hostil à tendência inspirada pelo desejo de pôr termo ao arbítrio senhorial nascido do egoísmo absolutamente pagão: A partir daí, no mesmo instante em que pregam seu evangelho de justiça e de caridade, suas solidariedades temporais os impedem de ver as transformações necessárias, e aqueles, dentre eles, que condenam os abusos e os vícios, sem sair do sistema, manifestam a desesperadora ineficácia de um reformismo puramente moral. Em resumo, eles não têm a inteligência do homem novo que está nascendo ali, naquele momento.

E Chenu fecha sua análise com uma conclusão genial:

Nesta passagem do feudo à comuna, os espíritos haviam conquistado progressivamente a autonomia de suas próprias decisões, o sentido das responsabilidades pessoais, o gosto pela iniciativa, e essa agilidade que manifesta a capacidade que tem o homem de dominar os problemas imprevistos de um novo mundo que acaba de se abrir.

O Fundador de Mosteiros

É claro que, num estudo sobre uma figura extraordinária como São Bernardo, é praticamente impossível separar os diferentes perfis de sua personalidade, como homem, como santo, como místico, etc. Todos estes perfis foram evoluindo como um todo harmônico no curso de sua existência: o santo corrigia o que poderia haver de censurável no homem, o místico nivelava as eventuais arestas que poderiam existir no chefe, o contemplativo apaziguava o que podia haver de impaciente no reformador, e assim por diante. Mas é por uma simples questão de método que adotamos aqui esta escolha um tanto artificial de estudar, em São Bernardo, o homem, o chefe, o diplomata, o apóstolo, o santo, o teólogo e o místico.

Na realidade, se tivesse de fazer alguma crítica ao trabalho do Padre Luis Alberto, esta restrição diria respeito ao estudo do homem no santo. O nosso monge biógrafo poderia ter sido um pouco mais pródigo em informações sobre o perfil propriamente humano de São Bernardo, tanto mais que para isto ele dispõe de abundância de fontes. Não que possa ser acusado de negligência. Mas é que fica mais complicado pinçar através da análise bem mais extensa do santo o que nele existe de propriamente humano.

Já vimos qual era a conjuntura do universo, ou seja, da Europa Ocidental, quando o jovem Bernardo entra no mosteiro aos 23 anos. O mosteiro que ele escolhe é o de Cister, no ano de 1113. O autor mostra com muita clareza as origens de Cister, no quadro de um contexto geral de "volta às fontes" e de restauração da primitiva pureza da vida monástica. Os jovens noviços companheiros de Bernardo queriam solidão, pobreza, ascese e oração. Eles desejavam descobrir Deus através do silêncio e da prece mas desejavam também uma vida em comunidade. No fundo, o que eles procuravam era o encontro com o divino no despojamento mais completo possível, mas dentro de um regime de fraternidade, de uma vida "em companhia de irmãos". Neste sentido, o autor lembra muito a propósito o sermão do abade Guerrico de Igny à comunidade de seu mosteiro:

É certamente pelo efeito de uma graça admirável da Providência que, nestes desertos em que habitamos, temos a paz da solidão sem que nos falte a consolação de uma sociedade agradável e santa. Cada um pode se sentar livremente a sós e guardar o silêncio. E não se ouvirá dizer: "Maldito o que está só, pois não tem quem o conforte nem quem o levante se cair".

Esta vida de oração no despojamento total, mas em companhia de irmãos, mereceu de São Bernardo o qualificativo de "paraíso monástico".

A partir das primeiras fundações, o número de vocações foi aumentando de tal maneira que, ao final de sua vida, o abade de Claraval tinha fundado um total de 343 mosteiros nos mais diferentes pontos da Europa. Consta nos anais que durante os anos de sua vida de abade, mais de 900 monges fizeram sua profissão religiosa nas mãos de Bernardo.

Pai, irmão e amigo.

A arte de orientar as pessoas nos caminhos de sua vocação era tão apurada em São Bernardo que seus "filhos espirituais", religiosos ou leigos, lhe atribuíram um título que ficou registrado nos anais da ordem: *Pius Pater*! Quando de suas longas ausências do mosteiro nas missões extraordinárias, este "pai piedoso" manifestava, em longas correspondências, sua "saudade dos irmãos". Dotado de uma sensibilidade muito fina, ele desenvolveu, a partir da análise da caridade e do amor que devemos a Deus, uma teoria especial sobre a amizade que até hoje nos impressiona pelo equilíbrio entre a ternura e a a força viril. Vale realmente ler as passagens que o Padre Luis Alberto dedica a este tema específico. Para dar uma idéia dos sentimentos que o sentido de amizade e a proverbial amabilidade de São Bernardo provocava entre os religiosos dos diferentes mosteiros, basta reler a frase famosa de seu biógrafo, Geoffroy d'Auxerre:

Omnis congregatio in illius conspirabat amorem, ou seja: *toda a comunidade exalava amor por ele!*

Instropectivo mas aberto, delicado mas enérgico

Alguns especialistas de São Bernardo dizem que ele era tímido de natureza. E relatam episódios de sua adolescência em que consta que ele se retraía diante de estranhos. Dizem até (em citação neste estudo) que seus primeiros mestres eram obrigados a castigá-lo com certa energia para fazê-lo vencer sua reserva natural. Os modernos têm uma interpretação diferente. Para eles, *"a timidez constitucional que o levava ao isolamento favoreceu a introspecção e a aplicação de sua inteligência invulgar permitiu-lhe o autoconhecimento, revelando-lhe os próprios valores e limites. A competitividade viria então como desejo de auto-afirmação"* (p. 61).

Como crítico e como polemista São Bernardo lançou mão do recurso clássico da ironia, e algumas vezes chegou ao limite da agressividade. No que se refere à ironia, basta ler seus comentários a respeito dos temperamentos dos jovens religiosos exibicionistas que querem se parecer mais perfeitos do que realmente são, exagerando nas penitências, "passando mais tempo em vigília no coro mas dormindo escondido na cela". Quanto à agressividade, leia-se o que ele diz de Arnaldo de Brescia em uma de suas cartas:

Dizem que se encontra perto de ti Arnaldo de Brescia, cuja conversa é como o mel e a doutrina como fel... este monstro com cabeça de pomba e cauda de escorpião... que Roma vê com horror, a França expulsou, a Alemanha abomina e a Itália não quer receber.

À medida que o santo vai se afirmando em Bernardo, o temperamento apaixonado vai se abrandando suavemente e o Abade acaba nos seduzindo pela humildade com que admite a autocrítica, por vezes até bastante dolorosa. O estudo do Padre Luis Alberto cita os casos mais conhecidos, como o que ocorreu quando seu primo Roberto fugiu do convento, como a súplica comovente que dirige ao abade fugitivo Arnaldo de Morimond, o arrenpendimento sincero depois de ter expulso do mosteiro seu próprio irmão Bartolomeu, ou o lamento pela morte de seu outro irmão Geraldo (p. 66-67).

A crônica registra ainda, neste sentido, a ação de Bernardo condenando severamente a crueldade dos católicos germanos contra os judeus e sua convicção de que os cátaros hereges devem ser chamados à verdadeira fé pela força dos argumentos e não das armas. E o abade fala então da misericórdia como somente um santo pode falar:

Se fosse pecado ser misericordioso eu não poderia deixar de cometer este pecado!

Diplomata e mediador

A comunidade cristã da Europa Ocidental só iria tomar conhecimento da presença dominante de São Bernardo por volta de 1130, quando da morte do Papa Honório II. A sucessão do pontífice criou um tumulto tão grande no colégio dos eleitores que acabou provocando o grande cisma do ocidente: uma parte dos cardeais elegeu Pedro de Leão, que tomou o nome de Anacleto II, enquanto os sufrágios da outra outra parte, que os historiadores denominariam posteriormente de *pars sanior* (a parte mais sadia) foram para o cardeal Gregório de Santo Angelo, que tomou o nome de Inocêncio II. Roma escandalizada via de repente dois papas eleitos para ocupar Cátedra de São Pedro. A Igreja rachada era pedra de escândalo para os fiéis. O Rei de França reuniu um concílio especial na cidade de Étampes, convocando como conselheiro especial deste Concílio o Abade de Claraval que iria ter uma atuaçao decisiva: Étampes selou a legitimidade da eleição de Inocêncio II e os partidários de Anacleto II passaram a ser considerados oficialmente como "cismáticos". Bernardo de Claraval começou então a percorrer as grandes dioceses da França, Inglaterra, Itália e Alemanha, num trabalho de convencimento plenamente bem sucedido em favor de Inocêncio II. Em pouco tempo Bernardo alcança um prestígio imenso junto aos reis, príncipes e todas as diferentes cortes européias. O papa cismático Anacleto II morre em 1138. Os cronistas da época passam a chamar o Abade de Claraval de Coluna da Igreja e Árbitro da Cristandade. Eugênio II o quer mais perto de si, e chega a lhe oferecer a direção de grandes dioceses, como Milão e Reims. Bernardo recusa terminantemente estes convites tentadores e prefere voltar para a recolhimento de sua abadia. Mas sua fama se espalha pela Europa inteira e ele é solicitado pela mais ilustres instâncias para distribuir conselhos e dirimir conflitos. Em 1114 está presente no concílio de Sens que condenou Pedro Abelardo. Em 1145 passa dois meses no sul da França pregando contra os cátaros e os albigenses.

Neste mesmo de ano de 1145, morre o Papa Inocêncio II e os cardeais elegem para seu sucessor B. Paganelli, que era simplesmente um antigo monge de Claraval que São Bernardo enviara para fundar uma casa na Itália. Seria supérfluo falar da intimidade entre o novo papa e o seu antigo abade. Pressionado pela Igreja da França, Inocêncio II decide organizar uma nova Cuzada contra os muçulmanos e encarrega São Bernardo do trabalho de convencimento junto à cristandade. Em 1146, na Assembléia de Vézelay, na província francesa de Borgonha, o abade de Claraval lê a bula papal diante de uma assistência de príncipes, prelados e cavaleiros. Seu discurso provoca uma onda de entusiasmo em toda a cristandade.

Mas esta Segunda Cruzada foi um fracasso monumental. O empreendimento era ambíguo, eivado de interesses políticos escusos, e São Bernardo se viu responsabilizado pessoalmente pelo fracasso. O abade continuou seu esforço de conciliar a vocação de monge com o papel de apóstolo, conselheiro e pregador. Mas a idade estava chegando e se aproximava a hora da passagem.

Contradições

O fracasso da Segunda Cruzada e a presença freqüente de São Bernardo nas diferentes cortes européias levam os comentaristas a uma análise crítica de personalidade do Abade de Claraval. Afinal de contas quem era este homem aparentemente paradoxal que se confessava apaixonado pelo recolhimento e pelo silêncio e que passava a maior parte de seu tempo longe de seu claustro?

É preciso reconhecer que quem primeiro apontou este paradoxo foi o próprio São Bernardo que, num documento chamado Carta 250, escreveu sobre si mesmo se denominando "a quimera da Europa", nem clérigo nem leigo, "monge pelo hábito, mas outra coisa pela conduta". Como explicar esta personalidade plurivalente num homem da qualidade de Bernardo?

Em primeiro lugar precisamos ver que ele procura justificar esta necessidade de ação que o afasta da contemplação invocando um motivo forte que é simplesmente a obediência. Ele responde aos chamados dos superiores. Mas, ao mesmo tempo, revela em seus gestos uma consciência muito forte de que tem uma missão especial a cumprir dentro da Igreja. E proclama solenemente: *"Tudo o que é de Deus me diz respeito"*.

Depois, existe outro fato maior que o Padre Luis Alberto destaca com muita propriedade: *os contemporâneos de São Bernardo não dão provas de considerarem irreconciliáveis estes dois perfis do abade, como asceta contemplativo e homem de ação.*

Fica para os pesquisadores a tarefa de descobrir os tesouros ocultos nestas aparentes contradições da personalidade de um grande homem de Deus, cuja admirável capacidade de ação não se pode explicar simplesmente por algum conceito nietzschiano de "vontade de poder".

O Santo: teólogo e místico

E chegamos assim à parte do livro que parece ter merecido o carinho maior do autor. É bem verdade que, antes mesmo de entrar na análise do santo propriamente dito, o que realmente desperta o interesse do Padre Luis Alberto é o estudo da espiritualidade cisterciense em suas características próprias de despojamento e autenticidade. Para entender a reforma bernardina que instalou o despojamento total na arte e na liturgia cistercienses, é preciso ter visitado algumas antigas abadias hoje desativadas como Le Thoronnet. São Bernardo aboliu absolutamente tudo o que pode ser fator de distração nas capelas e igrejas cistercienses, tanto no que se refere à decoração como à liturgia. Evitam-se imagens inúteis, vitrais coloridos, ornamentos dispensáveis, os paramentos são os mais simples possíveis e nada deve desviar o recolhimento que leva diretamente o monge à meditação e à contemplação do divino. O autor lembra acertadamente que São Bernardo parece se ter inspirado aqui naquele trecho das Confissões em que Santo Agostinho fala da "concupiscência dos olhos", dizendo que *"os homens que se deixam seduzir pelas produções da arte se apegam no exterior às obras de suas próprias mãos e abandonam, no interior de si mesmos, Aquele de quem são a obra"*.

Quanto às riquezas da arquitetura, dos paramentos e da ornamentação, São Bernardo chega a ser quase cruel: *"Do teto pendem verdadeiras rodas cobertas de pedras preciosas e guarnecidas de lâmpadas, gemas e pedras. Em lugar de candelabros, vêem-se árvores de bronze, trabalhadas com delicadas filigranas, refulgentes por seus números círios e pedras preciosas. Que buscam com tudo isto? A compunção dos penitentes ou a admiração dos visitantes? Ó vaidade das vaidades mais ridícula que vã! A igreja resplandece em suas paredes mas agoniza de miséria em seus pobres: orna de outro seus monumentos de pedra e deixa seus filhos nus!"*

Este famoso despojamento total da reforma bernardina leva as capelas e os claustros cistercienses à procurar aquela *"materialização da eternidade"* que só se alcança pela conquista da "simplicidade primitiva" que Bernardo sempre considerou fundamental.

Quanto à teologia de São Bernardo, o livro do Padre Luis Alberto estabelece um bom resumo das três dimensões que parecem justificar o retorno da criatura ao seu Criador depois da ruptura do pecado que deturpou nosso livre-arbítrio (*liberdade escravizada*), falsificou a verdade, (*verdade escamoteada*) e distorceu totalmente os caminhos do amor (*amor extraviado*). A partir da teoria bastante plotiniana da *primeira imagem* (o homem continua feito à imagem e semelhança de Deus) a razão descobre que podemos reencontrar o modelo porque é este próprio modelo que nos força a procurá-lo.

Esta dissertação se alonga o suficiente para mostrar os caminhos da reflexão teológica de São Bernardo. Mas cabe uma crítica: o autor não dá o destaque merecido ao que existe de herança agostiniana na reflexão de São Bernardo. Tudo ali vem de Agostinho. Até mesmo o estilo. E aquele famoso – *"tu não me procurarias se já não me tivesses achado"* é literalmente do gênio de Hipona.

A partir daí, a razão tende a aceitar mais facilmente estes caminhos do retorno a Deus.

É claro que um estudo deste gênero tinha que se coroar com uma contemplação do místico em São Bernardo, daquilo que ele qualifica como experiência de uma união direta com o Ser Supremo. Um sensibilidade poética requintada como a o Abade de Claraval tinha que conseguir exprimir esta experiência superior em linguagem que os poetas entendem. Dizem que a profunda devoção de Bernardo ao mistério da

Encarnação o levou a uma devoção igualmente profunda à Virgem Mãe de Deus. Na *Divina Comédia* Dante põe nos lábios de São Bernardo uma bela saudação à Virgem: "*Virgem e Mãe, filha de teu filho, humilde e excelsa mais do que qualquer outra criatura, termo fixo do eterno plano de Deus! Tu, ó Virgem, és tão valiosa na intercessão que quem quiser alcançar uma graça sem recorrer a Ti, é semelhante a uma ave que tenta voar sem asas!*". A gente ouve nesta saudação os ecos da famosa oração inspirada em um trecho de um sermão de São Bernardo que a cristandade canta há quase mil anos, afirmando que "*nunca se ouviu dizer que aqueles que a vós recorrem deixastes de socorrer*" e que, em latim, termina com aquela maravilhosa inversão de som puramente agostiniano: *Noli mater Verbi, Verba mea despicere, sed audi propítia et exaudi!*

A crença popular atribui a São Bernardo a composição dos últimos versículos da Salve Rainha, fazendo deste santo extraordinário, em razão de sua piedade mariana, o autor dos versos que se cantam em todos os mosteiros do mundo cristão quando, depois das *Completas*, os monges antes de dormir deixam ecoando nos claustros uma última carinhosa invocação à Mãe de Deus:

O clemens, o pia, o dulcis Virgo Maria!

Pe. Luis Alberto Ruas Santos O. Cist.

I. INTRODUÇÃO

Alguns anos atrás, o papa João Paulo II caracterizou nossa época como marcada profundamente por três grandes pensadores, Marx, Nietzsche e Freud, aos quais qualificou, seguindo Paul Ricoeur, de "mestres da suspeita". Por outras palavras, os três, tomando caminhos diferentes, acabaram por jogar o homem contra si mesmo, tornando-o desconfiado a respeito de sua própria natureza. Neste sentido, ainda que não o tenham intentado expressamente, são dramaticamente pessimistas e causadores de pessimismo. Seja o homem dilacerado e coagido internamente pelos dinamismos da cobiça material – no caso de Marx o próprio composto humano é apenas um ponto mais elevado do jogo de forças cegas e brutais de ordem meramente material –, da contraposição entre eros e tânatos ou da vontade de poder, o resultado é sempre o mesmo, o homem lança-se e projeta-se sobre os outros, tentando dominá-los e permanece um ser sem referência transcendente, perdido em um universo sem finalidade e forçado a criar valores onde não há fundamento para tanto. Como não ser pessimista neste quadro? Por tudo isso, o título escolhido para este livro traz um risco de má interpretação. Bernardo impôs-se a seu tempo, isto é fora de questão. Mas estamos longe de um personagem "nietzschiano" que se pretende auto-afirmar acima de tudo e de todos, num despudorado individualismo. O modelo "nietzschiano" é uma das pequenas tragédias de nossa época. Ainda que, em sua vulgarização, não seja talvez fiel ao verdadeiro Nietzsche – para alguns apenas um homem que procurou destruir idéias e valores sem conseguir substituí-los por outros definitivos –, o referido modelo, sobretudo no âmbito de uma cultura mediana, exerce um terrível fascínio. Muito diferente é o caso de Bernardo de

Claraval. Em primeiro lugar, por que se impôs, é verdade, mas como portador da graça e da presença de Deus em um tempo conturbado. Não se impôs a si mesmo. Além disso, Bernardo agiu sempre em função de valores bem determinados, os valores cristãos. Isto não exclui que possa ter tido fracassos e, quem sabe, caído em fraquezas, mesmo porque a santidade, mesmo proclamada pela Igreja, não é incompatível com elas. Num santo deve-se ver antes o dinamismo e não tanto apenas os episódios isolados.

Dentro dessa perspectiva, serão abordados, numa primeira etapa, a vida e o problema do relacionamento humano de São Bernardo, no quadro de sua época e da espiritualidade da família religiosa em que ingressou aos 23 anos, ou seja, Ordem Cisterciense, tema vastíssimo e de grande riqueza. Por certo, um levantamento exaustivo neste campo não é possível. Antes de tudo, isto se deve ao fato de que a subjetividade humana – e aqui lidamos não só com a de Bernardo mas com a de inúmeras pessoas com quem esteve envolvido ao longo de sua vida – é algo de certa forma intangível e misterioso, depois, porque Bernardo e seus contemporâneos estão longe de nós quase mil anos, sem, portanto, poderem ser ouvidos diretamente, sepultados pela barreira do tempo, atrás da qual ficaram uma época e uma cultura que não são mais as nossas.

No que se refere à auto-revelação, esta não é uma regra de seus escritos. Por outro lado, tudo que São Bernardo escreveu, inclusive sobre si mesmo, deve ser lido através da formulação literária e dos artifícios do estilista. A principal fonte de acesso ao problema em apreço seria representada por sua correspondência e, ainda assim, abstraindo do estilista que refez muito do que produziu, embora apenas do ponto de vista da forma. Não se pode esquecer que uma carta não é um documento confessional por excelência, como é uma poesia, muito menos em um tempo em que, como assinalou Jean Léclerc, a mensagem principal era, por vezes, comunicada por via oral, pelo seu portador[1]. Também no que foi escrito, é preciso levar em conta o papel do secretário,

---

1. Cf. Introduzione, *Opere di San Bernardo*, VI/1, Roma, 1986, XII.

muitas vezes redigindo a partir de um esquema básico ou orientações gerais, fato atestado pelo próprio Bernardo na carta 387 dirigida a Pedro o Venerável. Entretanto, seja como for, suas cartas revelam-nos muito, mesmo considerando a contribuição dos secretários, conquanto elas o façam de forma indireta. Pois se Bernardo fez delas, ao menos de grande parte, documentos doutrinais e peças literárias, nem por isso conseguiu evitar que seu verdadeiro eu nelas se manifestasse, como ocorre aliás com toda produção humana que acaba trazendo a marca da subjetividade que a plasmou. Quando, entretanto, o testemunho é involuntário e indireto, tem todas as possibilidades de ser verdadeiro[2]. Assim, pelo menos do lado de Bernardo, a problemática de seu relacionamento humano pode ser estudada hoje usando de uma fonte segura. Ademais, é preciso não esquecer também que as tomadas de posição, no plano das idéias ou doutrinas, são importantes em qualquer relacionamento. Mas o que interessa sobretudo a esta pequena introdução é extrair de sua riqueza um alimento para a vida espiritual e lições de uma santidade profundamente humana. Não é outra a finalidade deste livro.

Resta ainda analisar alguns pressupostos. Todo eu humano que se relaciona supõe uma história individual, condicionantes psicológicos e uma gama de circunstâncias objetivas que direcionam e moldam sua atividade relacional. É necessário, por conseguinte, "descobrir" por trás do Abade de Claraval que iluminou com sua brilhante trajetória a cristandade de seu tempo e tornou-se inquestionavelmente a figura dominante de seu século, o Bernardo de Fontaines e o monge de Cister e Claraval, ou, se for preferido, o homem Bernardo. Um *insight* em sua psicologia – de resto sempre arriscado e algo hipotético – e na trajetória de sua vida permitirá isso, evidenciando os móveis mais permanentes de sua conduta.

Quanto à apresentação concreta da análise proposta, pareceu mais didático dividi-la em quatro áreas. Em primeiro lugar, merece ser abordado o Bernardo que se relacionou como abade e pai de monges. Vizinho a este está aquele que foi um diretor espiritual e exerceu influência

---

2. W.E. Goodrich, *The Reliability of the Vita Prima,* An. Cist. 43 (1987), 156.

sobre leigos na esfera de sua vida de consciência. Há também o termo amigo, autor de cartas belíssimas. Por fim, é preciso encontrar com o Abade de Claraval que se projetou em quase todos os negócios públicos de certa importância, em sua época sempre ligados à Igreja, desde eleições episcopais e problemas referentes a cargos eclesiásticos, passando por disputas doutrinais, até assuntos de mais alta relevância tais como a direção da Segunda Cruzada e a solução do cisma de Anacleto. Nem por isso deixou de interessar-se por causas menores e individuais em que entrou movido pela caridade ou viu-se convidado a intervir por força de sua sabedoria ou devido à fama de sua santidade.

Lidar com São Bernardo é a um tempo fácil e difícil. A facilidade explica-se pelo fato de ser um personagem muito conhecido e abundantemente documentado. Comparando-o, por exemplo, com São Bento, tem a seu favor não só a proximidade no tempo mas uma massa copiosa de testemunhos pessoais (seus escritos) e biográficos. Sua vida foi narrada ainda durante os dias de sua existência neste mundo. Ademais, viveu em uma época de grande unidade, o mundo em que atuou era unanimemente cristão. Assim, sua atividade não se circunscreveu a um determinado setor da sociedade contemporânea, como talvez Santo Agostinho, que está, aliás, muito mais documentado que São Bento. Daí justificar-se o volume de estudos especializados referentes a sua pessoa, que não se origina apenas nos meios eclesiásticos, precisamente porque não se pode reconstruir a história do século XII sem abordar a figura do Abade de Claraval e o mundo monástico cisterciense. Portanto, um trabalho honesto sobre São Bernardo deve levar em consideração o *status quaestionis*, ou seja, a pesquisa já feita em torno de suas pessoa e sua obra. Uma completa originalidade aqui corre o risco de ser temerária, o que não exclui que possam ser apresentados novos fatos e novas análises, capazes de recompor o quadro já traçado. Quanto à dificuldade, vem da riqueza e complexidade de São Bernardo, monge e homem público, com aspectos aparentemente pouco conciliáveis, o que tem motivado interpretações conflitantes sobre sua pessoa. Não há por certo a pretensão, no âmbito desta introdução, de propor algo de novo sobre São Bernardo. Tentar-se-á apenas, recorrendo sobretudo ao testemunho de suas cartas e de estudos mais recentes, apresentar, no santo venerado há tantos séculos, o homem de grande e variado relacionamento.

Pe. Luis Alberto Ruas Santos O. Cist.

A segunda parte deste livro debruça-se sobre a espiritualidade de São Bernardo, oferecendo um resumo de seus temas principais, sempre apoiada em textos. Completam esta apresentação uma breve palavra sobre a atualidade de seu ensinamento e, sobretudo, a pequena antologia que permitirá ao leitor conhecer mais diretamente algo do que foi a temática e o estilo de um dos maiores autores cristãos de todos os tempos. Outras seções fornecerão indicações, igualmente resumidas, a respeito da bibliografia acessível e da vida cisterciense atual em nosso país, assim como uma sucinta cronologia.

Pe. Luis Alberto Ruas Santos O. Cist.

II. A Vida de São Bernardo: Um Homem Providencial em um Tempo Difícil

1. Infância e primeiros anos da juventude

Bernardo, terceiro dentre os sete filhos do casal Tecelino e Alete, nasceu na última década do século XI, mais precisamente em 1090, no pequeno castelo familiar de Fontaines-lès-Dijon, uma fortificação na linha de defesa da cidade de Dijon, capital do então ducado da Borgonha. Seu pai era um dos cavaleiros a serviço do duque da Borgonha, com uma posição porém de certo destaque entre seus pares, pois possuía o seu próprio castelo e parece ter-se tratado de pessoa da inteira confiança de seu senhor. Sua mãe, Alete de Montbard, provavelmente descendia da mesma linhagem ducal da Borgonha. Portanto, Bernardo, estava ligado, por seus ancestrais, tanto maternos quanto paternos, à pequena e à grande nobreza da Borgonha, o que muito o ajudará na realização de seus futuros projetos monásticos.

Bem cedo teve sua educação confiada aos cônegos de São Vorles em Châtillon, onde sua família possuía também uma residência. Aí adquiriu uma sólida formação humanística, pois sua mãe o destinava ao clericato. As fontes mais antigas mencionam, aliás, não só a forte piedade de Alete mais um especial desígnio formado a respeito de Bernardo e de sua futura atuação na Igreja. Por essa época ocorreu um episódio narrado por seus primeiros biógrafos. O pequeno Bernardo teve a visão, em sonho, da Virgem dando à luz o Verbo Encarnado. Há quem veja no fato apenas uma lenda piedosa. Todavia, coincidência ou não, a cristologia natalina constante de seus sermões para o ciclo do Advento e Natal é um dos aspectos mais ricos de sua doutrina.

Que estudos teria feito exatamente o jovem Bernardo? Com toda certeza o chamado *Trivium* (gramática latina, retórica e dialética), mas parece que não o *Quadrivium* (aritmética, geometria, astronomia e música). Também não é certo que tenha aprendido o grego. Adquiriu ainda um bom conhecimento dos Padres da Igreja e de autores profanos clássicos. Enfim, parece ter aprendido a métrica poética. Seja como for, sua educação foi de excelente nível. Seu latim é considerado o melhor do século XII.

Terminada sua formação, Bernardo passou por uma crise. Sua mãe, uma forte influência em sua formação, o destinara à Igreja. Faleceu porém antes que completasse seus estudos, em 1103 ou 1104, quando Bernardo tinha apenas treze ou quatorze anos. De acordo com o Livro I da chamada *Vita Prima*, escrito por Guilherme de Saint-Thierry, Bernardo sentiu-se atraído pela vida monástica e encontrou oposição por parte da família e dos amigos. Bem dotado como era, seguramente podia nutrir grandes esperanças com relação a uma carreira no mundo, dedicando-se às letras e tornando-se clérigo secular. Foi-lhe oferecida então a possibilidade de aperfeiçoar seus estudos na Alemanha. O projeto monástico que se vinha formando em seu íntimo, talvez alimentado também pela consciência dos perigos de uma vida excessivamente mundana, para a qual parece ter sentido atração, vacilou por um momento. Com seu coração dividido e angustiado, lembrando-se sempre dos desejos de sua mãe e sentindo-a reprovar sua inclinação para o mundo, entrou em uma igreja e orou. Foi um momento de graça. Sua decisão de fazer-se monge tornou-se definitiva e inabalável. Teria então cerca de 22 anos. Escolheu entrar no pequeno mosteiro de Cister, recentemente fundado. Seu entusiasmo a partir daí foi tão grande que não se contentou apenas com a própria escolha mas sentiu-se impelido a fazer-se um apóstolo da vocação monástica. Com seu precoce espírito de liderança e irresistível força de persuasão, reuniu logo um grupo de trinta companheiros, incluindo quatro de seus irmãos, parentes próximos e amigos. Mais tarde seu irmão mais jovem, seu próprio pai e até sua irmã Umbelina que deixará seu casamento entrarão também para o claustro. Sabe-se que a entrada em bloco de um grupo familiar ou de pessoas com certos laços não era um fato incomum na época. Entretanto, chama atenção, no caso presente, a liderança de Bernardo que não só formou o grupo, mas tornou-se seu mentor por um certo período de tempo em que viveram em comum, antes de efetivamente ingressar em Cister em 1113.

2. A época de São Bernardo: os cistercienses

Antes porém de prosseguir este breve resumo de sua vida, seria interessante dizer algo sobre sua época e o contexto religioso em que se moveu, o que nos leva a olhar para os primórdios da Ordem Cisterciense, onde ingressou aos 23 anos.

Os séculos XI e XII marcaram um ponto alto no longo período que se convencionou chamar Idade Média e que, cronologicamente, cobriu cerca de mil anos. Já passou o tempo em que esse período foi considerado de forma depreciativa – apenas o intervalo entre a Antiguidade Clássica e o Renascimento que abriu a Idade Moderna – e como um bloco homogêneo em sua inexpressividade. O medievalismo desperta hoje grande interesse e, graças a um oportuno trabalho de revisão, a complexidade e a grande riqueza dessa época é melhor conhecida e julgada. Nesses mil anos, um tempo considerável, sucederam-se etapas diversas e desiguais. Em todo caso, por diversos fatores, o século XI é geralmente considerado como uma fase de renascimento e florescimento da civilização européia. No plano político, já havia passado o impacto das invasões e incursões que devastaram econômica e culturalmente o continente europeu. Húngaros, normandos e sarracenos estão agora estabilizados ou não mais constituem uma ameaça. A população encontra-se em franca expansão. O comércio pode desenvolver-se num clima de paz e mais segurança nas comunicações, impulsionado por grandes excedentes agrícolas. As cidades estão também no seu primeiro desabrochar após séculos. A civilização urbana volta à cena histórica, com consideráveis repercussões em vários planos. A sociedade feudal continua sua evolução e nela distinguem-se três classes: *oratores, bellatores* e *laboratores*. Nos últimos anos do século XI a Europa cristã, confiante, lança-se a um empreendimento de grande porte, a conquista da Terra Santa. Em 1096 parte a primeira cruzada e, em 1099, Jerusalém é retomada. A euforia empolga a Cristandade Ocidental. No plano político-religioso estamos no tempo de uma grande uniformidade de valores, em que a dimensão religiosa é a grande referência social. O Império, há pouco restaurado, é sacral e não laical e o próprio imperador reivindica poderes quase sacerdotais. Há um grande movimento pela renovação da Igreja. A esse movimento convencionou-se chamar Reforma Gregoriana, nome derivado do papa Gregório VII, seu grande incentivador. Papado e império disputam o direito de investidura de bispos e prelados em cargos eclesiásticos. Após uma série de conflitos, prevalecerá o direito dos papas de conferir a investidura aos bispos. Porém esse problema específico era representativo de um projeto muito mais amplo. Tratava-se nada mais nada menos do que da reforma da Igreja, envolvendo dois eixos: a libertação da Igreja das injunções do poder secular e seu não-envolvimento em assuntos estritamente seculares (luta contra a simonia e a busca de vantagens materiais). Queria-se uma Igreja mais livre para cumprir com fidelidade sua verdadeira missão: servir à implantação do reino de Deus. Dentro desse grande projeto e seguindo os eixos referidos, colocava-se também a questão da reforma da instituição monástica. É preciso lembrar que, então, a vida religiosa praticamente confundia-se com a vida monástica. É verdade que o monaquismo estava numa fase de vigor e florescimento. Após o período conhecido como renascimento carolíngio (fim do século VIII e início do século IX), reorganizou-se a vida monástica no Ocidente e a Regra de São Bento foi imposta como único código de legislação para reger a existência dos mosteiros. O século X viu o nascimento da Abadia de Cluny e o tipo de monaquismo que encarnava difundiu-se extraordinariamente. De Cluny dependia uma rede imensa de mosteiros, num tipo de organização em que predominava a centralização. Não se discute o fervor e a respeitabilidade do monaquismo cluniacense. Todavia, outras influências e idéias, ligadas à Reforma Gregoriana, vieram atingir a vida monástica.

Essas novas idéias podem resumir-se em três pontos: eremitismo, pobreza e vida apostólica, ou seja, inspirada na comunhão fraterna da comunidade primitiva de Jerusalém. Sob essas influências surgiram no século XI várias reformas monásticas. Em suma, buscava-se uma maior autenticidade da vida monástica, com a rejeição de costumes correntes e considerados legítimos, porém opostos às tendências da reforma. Estão nessa corrente Camaldoli de São Romualdo,

Valombrosa de São João Gualberto, as comunidades de eremitas de São Bruno e várias outras tentativas de reforma.

É precisamente nesse contexto que nasceu o Mosteiro de Molesme, na França, antecessor de Cister. A sua figura central foi São Roberto, um homem que, por toda sua vida e de certa forma com insucesso, perseguiu o ideal de um monaquismo reformado, mesmo que a custa de algumas transferências, o que lhe valeu o qualificativo de instável. Na verdade, Roberto passou por vários mosteiros, mas é um fato digno de nota que sempre tenha sido buscado para ser superior, o que é uma prova incontestável de seu carisma e da elevada consideração em que eram tidos seus ideais monásticos. O próprio São Bruno, fundador dos cartuxos, buscou sua direção em Molesme, antes de criar sua própria comunidade. Antes disso porém, um grupo de eremitas do bosque de Colan pediu e obteve da Santa Sé a designação de São Roberto como seu abade. Após algum tempo, em 1075, São Roberto e seus monges passaram a um lugar chamado Molesme. O mosteiro de Molesme teve um rápido crescimento e tornou-se logo uma casa de grande prestígio, com várias filiais e beneficiário de inúmeras doações da nobreza local. Foi justamente o sucesso de Molesme, sobretudo seu sucesso neste mundo – o acúmulo de bens – que deu origem ao Mosteiro de Cister. Um grupo mais fervoroso dentro da comunidade sentia-se pouco à vontade com a forma mitigada e adaptada, aliás corrente, sob a qual se viviam os valores do monaquismo beneditino. Esses monges desejavam uma vida mais austera e mais pobre, com menos relacionamentos (e dependência) com a sociedade feudal circunstante, mediante uma fidelidade mais estrita à Regra de São Bento e às suas prescrições. O confronto com a outra ala da comunidade que não tinha semelhantes inquietações, uma vez que Molesme vivia segundo costumes geralmente aceitos e legitimados pelo monaquismo contemporâneo e, ademais, era uma casa de excelente reputação por sua boa disciplina, permitiu ao grupo dissidente definir melhor seus ideais. Chegou-se, então, ao ponto de ruptura, não era mais possível a coexistência dos dois grupos na mesma casa. Nesse momento São Roberto, identificado com o grupo reformista e provavelmente seu inspirador, assumiu sua liderança e apresentou-se à sua frente diante do legado pontifício na França, o arcebispo de Lyon, a fim de obter seu apoio para a fundação de um novo mosteiro. Certamente o bispo de Langres, diocese a que pertencia Molesme, não estaria a favor da reforma, daí o recurso a uma autoridade superior, o arcebispo de Lyon. Dessa *démarche*, plenamente bem sucedida, nasceu o Mosteiro de Cister, fundado numa região afastada e isolada, por isso mesmo propícia ao tipo de monaquismo que desejavam, no dia 21 de março de 1098, festa de São Bento. A saída de São Roberto causou grande dano a Molesme. Sua reputação ficou abalada, pois a nobreza da região, benfeitora do mosteiro, interpretou esse fato como um sinal da má qualidade de vida da casa. A situação tornou-se tão grave que os monges de Molesme, mesmo com um novo abade instalado, buscaram o apoio do papa para trazer de volta São Roberto. O Papa acedeu a seus desejos, sem contudo constranger a São Roberto que, todavia, aceitou livremente retornar. Seu retorno não lhe tirou porém o mérito de ser o fundador de Cister. À base de Cister está certamente seu idealismo e sua inquietação por um monaquismo reformado. São Roberto foi sucedido por Santo Alberico que teve que conduzir a jovem comunidade num momento em que nada estava ainda assegurado. Figura discreta, sobre a qual poucos são os testemunhos históricos, sabe-se contudo que tomou a iniciativa de obter do papa a proteção para o Novo Mosteiro e assegurou assim as condições para o desenvolvimento de seu projeto monástico. Já se notou que a proteção papal concedida – o famoso Privilégio Romano – tinha um objeto muito específico: garantir a *quies* monástica, ou seja, permitir que os primeiros cistercienses pudessem viver sua vocação contemplativa sem interferências externas. Esse era o grande escopo inicial, uma vida verdadeiramente contemplativa. Alberico não pediu a proteção papal para assegurar direitos patrimoniais ou a isenção, o que seria comum na época. Pediu, sim, a garantia da liberdade para realizar o ideal de observância integral da Regra de São Bento, numa vida pobre, solitária e silenciosa. Santo Alberico, falecido em 1108, não viu o pleno florescimento de Cister. Sob seu sucessor, Santo Estêvão Harding, nascido na Inglaterra, não só o mosteiro ficou plenamente consolidado mas também transformou-se na cabeça da mais importante ordem de seu tempo. Não se trata de mera coincidência cronológica. Muito desse sucesso deve-se a sua firme liderança e a seu gênio jurídico e organizacional. Santo Estêvão dotou a Ordem nascente de estruturas sábias que viabilizaram e favoreceram seu crescimento. Sob Santo Estêvão, ainda, deu-se a passagem da primeira à segunda geração cisterciense, com a entrada de São Bernardo e seu grupo em 1113, fato capital para o desenvolvimento da Ordem como se verá mais adiante. São Bernardo será o grande doutor da espiritualidade cisterciense e um pólo de atração responsável por boa parte da expansão cisterciense entre os anos 1113 e 1154. Estes quatro santos e abades podem ser considerados os pais de Cister.

Voltando porém à vida de Bernardo, decidiu entrar no Mosteiro de Cister, justamente por sua reputação de rigor e santidade de vida. Desejava então morrer para o mundo e ocultar-se numa existência humilde, dedicada inteiramente a Deus. A maioria dos historiadores dos inícios de Cister admite que seu ingresso no Novo Mosteiro tenha ocorrido em 1113. Sabe-se que nesse ano Cister fundou sua primeira filha, La Ferté, o que indicaria que a comunidade estava em crescimento e em condição de expandir-se. Qual a relação de São Bernardo com essa fundação? Como foi referido, seus biógrafos afirmam que entrou em Cister com trinta companheiros, muitos dos quais eram seus parentes, incluindo alguns de seus irmãos. Mais que isso, Bernardo foi o seu líder espiritual, pois atuou de forma a convencê-los a ingressar na vida monástica e, por alguns meses, exerceu o papel de seu formador. Transmitiu assim seus próprios ideais ao grupo que já vivia em comum, preparando-se para sua admissão no Novo Mosteiro. Discute-se hoje a afirmação desses primeiros biógrafos e de uma longa tradição, segundo a qual Cister foi salva da extinção pelo ingresso de Bernardo e de seu grupo. De fato, se o mosteiro não recrutava e caminhava inexoravelmente para seu fim, de onde lhe vinham as forças para fundar uma nova abadia? Há porém quem sustente, em amparo da tese tradicional, que a fundação de La Ferté foi feita em previsão do acolhimento do grupo de Bernardo que já estaria em contacto com Cister e seu abade Estêvão Harding. Contudo, mesmo se La Ferté não dependeu da entrada daquele grupo e Cister não estava a ponto de desaparecer, todos concordam que o impacto de Bernardo e de seus companheiros foi decisivo para sua expansão posterior, incluindo as fundações de Pontigny (1114), Morimond e Clairvaux ou Claraval (1115), à testa da qual o jovem

Bernardo foi colocado como abade. Bernardo e seus companheiros terão daí por diante uma considerável influência na Ordem em formação, sobretudo no plano dos ideais.

3. A espiritualidade cisterciense

Que tipo de vida encontrou Bernardo no mosteiro em que ingressou? Talvez seja difícil para nós, hoje, compreender o fascínio exercido pela vocação monástica na época da fundação de Cister. Entendemos melhor as motivações do tipo *fuga mundi*, ou seja, vai-se para o mosteiro porque o mundo é mau, a sociedade é desumana e corrompida, há muita violência em nossa cultura de massa ou então o claustro tem apelo por seu bucolismo, como uma alternativa para a devastação ecológica. Ainda que motivações desse tipo tenham sempre influenciado as vocações monásticas, não foram as decisivas no monaquismo mais autêntico. São Bento, por exemplo, deixou tudo porque desejava agradar só a Deus. O tempo para o qual temos que nos transportar, o final do século XI e o século XII, é considerado não apenas o apogeu da instituição monástica, mas também a era em que o monaquismo teve características de um fenômeno de massa. Evidentemente devem ser levadas em conta aqui as dimensões reduzidas da população européia contemporânea e o impacto do monaquismo sobre a camada superior da sociedade. Os cistercienses recrutaram na grande nobreza e mesmo na realeza, mas predominantemente junto à pequena e média nobreza. O que levou tantos cavaleiros e homens instruídos a buscar os claustros cistercienses? Várias são as respostas. Em primeiro lugar, numa sociedade profundamente cristã e homogênea quanto aos valores, fortemente marcada pelo sentido do sobrenatural, o monaquismo, por encarnar, conforme a mentalidade da época, a perfeição da vida cristã, era tido em alta consideração. Não havia então ideal mais elevado. São Bernardo parece ter expressado para seus contemporâneos a suprema realização desse ideal, mesmo tendo tido uma existência que ultrapassou muitas vezes os limites estritos da vocação monástica. Fruto das aspirações de seu tempo, Bernardo, por sua vez, soube apresentar o ideal monástico em seu mais alto nível. Arrastou multidões para os claustros e principalmente para sua querida abadia de Claraval. Mas além do fato da estima social pelo monaquismo em geral, os cistercienses realizaram uma síntese feliz e atraente dos três elementos que predominavam nos movimentos de reforma monástica. Os mosteiros da Ordem ofereciam um alto grau de solidão, seja pelo afastamento da sociedade e da trama de seus relacionamentos, seja pela estrita disciplina de silêncio que neles vigorava, com longas horas dedicadas à *lectio* – leitura orante e meditada da Palavra de Deus – e à oração privada, ao mesmo tempo que o consolo de uma comunidade fraterna. Por outras palavras, havia na vida cisterciense uma boa dose de eremitismo dentro de um quadro de comunhão fraterna própria ao cenobitismo e ao ideal de vida apostólica. Enfim, os cistercienses quiseram ser *pauperes Christi*, pobres de Cristo, ou seja, pobres com o Cristo pobre e, com isso, encontraram a terceira tendência do monaquismo reformado do século XI.

Tanto a componente de solidão como a de pobreza estavam em função de seu ideal contemplativo de busca de Deus. Também nesse sentido deve ser entendida sua ênfase em seguir fielmente a Regra de São Bento. Os cistercienses rejeitaram os acréscimos e mitigações à Regra porque a queriam em sua pureza original, ou seja, como um instrumento poderoso e eficaz para a busca de Deus, a grande meta do monge conforme São Bento. Não lhes interessava uma observância meramente literal, como o comprova a liberdade com que souberam relacionar-se com o texto da Regra em alguns pontos menos afinados com seu ideal contemplativo. Ao rejeitar costumes acrescidos ou contrários à Regra ou então enfatizar suas prescrições relativas à solidão e à pobreza, os cistercienses tornaram-se notáveis por sua simplicidade e despojamento, que irá desde o seu cotidiano – vestuário, alimentação, etc. – à liturgia e a suas produções artísticas, sobretudo no plano da arquitetura. São Bernardo será autor de uma espiritualidade da simplicidade que se fundará na própria simplicidade de Deus. Ao homem decaído e tornado "complicado" pelo pecado, resta a via da unificação interior através da conformação à vontade divina, ou seja, o homem pode restaurar em si a imagem divina vulnerada mas não perdida pelo pecado, mediante um esforço progressivo na direção do consenso – *voluntas communis* – ou união de sua vontade à vontade divina, não por coação ou anulação da vontade humana, mas conformação livre e amorosa à vontade de Deus. Vencida a vontade própria – *voluntas propria* –, o homem pode reencontrar sua simplicidade original e fruir de Deus como objeto próprio e proporcional de seu desejo inato.

Seria interessante reencontrar todos esses elementos nos documentos primitivos da Ordem. O *Exórdio Parvo*, hoje novamente considerado pelos estudiosos como o testemunho mais autêntico dos inícios de Cister, ainda que, na forma sob a qual foi transmitido, represente o estágio final de uma redação que conheceu etapas sucessivas, contém, ao lado dos relatos alusivos à fundação do Novo Mosteiro, nome pelo qual foi conhecido nos primeiros tempos, algumas declarações de intenção e disposições referentes à vida cotidiana dos monges. Além da insistência na mais perfeita observância da Regra (prólogo e capítulos I e II), o capítulo III sublinha o fato de que a solidão e inacessibilidade do lugar – mesmo que se saiba hoje que não eram absolutas – foram altamente desejadas para a realização de seu projeto monástico. Já o capítulo XV menciona uma série de restrições a certos elementos geralmente aceitos nos mosteiros da época, porém contrários aos preceitos da Regra de São Bento. São banidos do Novo Mosteiro as peças suplementares do vestuário e da guarnição dos leitos, a diversidade de pratos no refeitório, a gordura animal (como conseqüência da abstinência de carne) e tudo o mais que não fosse permitido pela Regra. Mais importante ainda, desejando viver do próprio trabalho, os cistercienses rejeitaram outras espécies de rendimentos. Daí a proibição de possuir servos, igrejas com as respectivas rendas, altares, domínios, direitos sobre sepulturas e ofertas ou receber dízimos, contrariando a prática de muitos mosteiros, inclusive Molesme. Com isso atendia-se a sua intenção de viver uma autêntica pobreza e evitava-se uma série de relacionamentos envolvendo dependência e interferências por parte da sociedade feudal circunstante. Os cistercienses foram categóricos quanto a possíveis impedimentos à *quies* monástica (se quisermos, quietude monástica, ou seja, uma vida autenticamente contemplativa).

No plano da liturgia, seu despojamento foi também radical. O capítulo XVII contém um catálogo de proibições que abrangem a decoração da igreja, os objetos de culto e os paramentos. São excluídos objetos de ouro, seda, pinturas decorativas e tapeçarias. Os cálices podem ser apenas de prata, admite-se um só candelabro e de ferro e as cruzes devem ser de madeira, aceitando-se nela a pintura para a representação de Cristo. Tudo isso constituía uma grande austeridade se comparado ao uso das igrejas monásticas contemporâneas.

Até aqui o quadro traçado apresenta-nos uma vida sóbria e povoada de restrições. Silêncio estrito, ascese no domínio do sono – os monges cistercienses levantavam-se por volta das três horas da madrugada – e do comer – apenas duas refeições frugais ou uma só conforme a época do ano –, trabalho manual nos campos pela manhã e à tarde, esse tipo de vida parece por demais severo e sem atrativo. Todavia um tal enquadramento ascético era apenas a moldura da principal atividade dos monges. Usa-se para defini-la uma expressão latina de difícil tradução, *vaccare Deo*, mas que tem o sentido de ocupar-se de Deus. O ritmo do mosteiro cisterciense está organizado em função do encontro pessoal do monge com Deus. O silêncio exterior é apenas a face tangível de uma realidade oposta: a intensidade e a riqueza do diálogo interior com Deus. Alimentados pela palavra de Deus ouvida na liturgia ou ruminada na *lectio* privada, os cistercienses cultivavam ao longo do dia a *memmoria Dei* ou lembrança de Deus. São Bento pede ao monge que fuja ao esquecimento de Deus, o que, positivamente, implica em ter Deus sempre presente ao pensamento, porém de forma pessoal, não apenas como um idéia ou abstração. O desejo de estar unido a Deus em todo o tempo é precisamente a vida da caridade. Ora, é impossível abrir-se para Deus sem abrir-se ao mesmo tempo para os irmãos e aqui achamos a dimensão de caridade fraterna dos mosteiros cistercienses. Ocorre então um paradoxo, solidão e fraternidade não se excluem, como indica Guerrico de Igny no seu quarto sermão para o Advento:

> "É certamente pelo efeito de uma graça admirável da Providência que, nestes desertos em que habitamos, temos a paz da solidão, sem que nos falte contudo a consolação de uma sociedade agradável e santa. Cada um pode sentar-se livremente a sós e guardar o silêncio, pois ninguém lhe dirigirá a palavra e não se ouvirá dizer "maldito o que está só, pois não tem quem o conforte nem quem o levante se cair (Eclo 4,10)."

Tudo isso poderia parecer teórico se não tivesse a comprovação da experiência. Os mosteiros cistercienses produziram grandes místicos. O mais importante deles foi São Bernardo de Claraval. Há muitos outros nomes, sobretudo no século XII, como Guilherme de Saint. Thierry, Elredo de Rievaulx ou Isaac de Estrela, para citar apenas os mais conhecidos. Todos eles escreveram sobre sua experiência mística pessoal. O florescimento da escola cisterciense é o grande atestado de sucesso da aventura espiritual vivida nos mosteiros da Ordem. Esses autores oferecem em suas obras riquezas espirituais que guardam, ainda hoje, todo o seu valor, não só para os monges, mas para todos os cristãos. Talvez não tenha havido na Igreja uma escola de espiritualidade tão uniforme na temática e com tantos autores como a cisterciense.

Antes porém de encerrar essa rápida apresentação da espiritualidade cisterciense, não se pode deixar de mencionar a primeira constituição da Ordem, a Carta de Caridade. Documento muito mais espiritual que jurídico, a Carta erige a caridade como princípio fundamental para orientar o relacionamento entre os mosteiros reunidos sob a presidência de Cister. Nada se exige das casas fundadas, mas busca-se, através de um sistema de visitas paternais, a conservação do mesmo ideal e prevê-se o socorro fraterno aos mosteiros necessitados. É oportuno citar aqui alguns dos trechos mais significativos desse documento venerável:

> "Estimavam que este decreto deveria levar o nome de Carta de Caridade, porque suas disposições, rejeitando o fardo de qualquer exigência material, procuram exclusivamente a caridade e a utilidade das almas nas coisas divinas e humanas (Pról., 4)."

A Carta preocupava-se também com a uniformidade de interpretação da Regra e de observâncias para salvaguarda da caridade:

> "...de sorte que não haja nenhuma discordância em nossos atos, mas que vivamos em uma só caridade, sob uma só **Regra** e segundo costumes semelhantes (cap. III, 2)."

Alguns textos patrísticos e escriturísticos que estão à base dessas passagens referem-se à amizade. A amizade que existirá entre os monges encontra-se também no plano coletivo do relacionamento entre os mosteiros.

É por isso que, seja pela qualidade do relacionamento fraterno, seja pelo desejo de uma vida de união mística a Deus, os mosteiros cistercienses serão chamados de escolas da caridade. Trata-se de uma definição feliz que capta perfeitamente o ideal perseguido pelos cistercienses.

4. O jovem monge em Cister

Os relatos mais antigos falam em um noviço bastante fervoroso mas não isento de dificuldades na adaptação a um gênero de vida bastante rústico a que certamente não estava acostumado. Todavia seus problemas iniciais não se limitaram a esse campo. Do que escreveu, sobretudo dirigindo-se a monges, pode-se colher algo de seu itinerário espiritual. O ponto inicial deste parece ter sido um sadio encontro consigo mesmo de maneira a conhecer a própria ambigüidade. Bernardo percebeu certamente em si, nos seus primeiros anos de vida monástica, o homem sujeito a fraquezas e paixões, como ele mesmo o admite nesta passagem de um de seus sermões sobre o Cântico dos Cânticos (s. 16,1):

> "Muitas vezes, não me envergonho de dizê-lo, sobretudo no início, quando entrei no Mosteiro, descobria em mim um coração duro e frio..."

Nesse processo de autodescoberta chegou à humildade que define como o conhecimento de si mesmo que torna o homem desprezível a seus próprios olhos. Todavia o autoconhecimento, com todas as decepções em que acarreta, não o levou ao desespero ou ao pessimismo mas projetou-o para Cristo. Assim descreve sua atitude (cf. s. 43,1 sobre o Cântico):

> "Também eu, quando me converti, irmãos, dei-me conta de que me faltava toda espécie de méritos. Em seu lugar tratei de fazer um pequeno ramalhete, para colocar junto ao meu peito, contendo todas as ansiedades e amarguras de meu Senhor: ...as bofetadas, as troças, as acusações, os cravos e todos os demais sofrimentos que sabemos ter padecido até a saciedade... para a salvação da humanidade."

Bernardo, o amigo de Cristo, ascendeu na vida espiritual através da humildade e da confiança em sua misericórdia e seu amor. Por essa sadia ascese, que não excluiu um grande rigor para com seu próprio corpo, começou a olhar com simpatia e compaixão para seus irmãos, em quem via a mesma fragilidade que soube reconhecer em si, abrindo-se a uma caridade mais perfeita e tornando-se mais capaz de receber os dons de Deus.

Seus dons naturais e sobretudo suas virtudes fizeram com que Santo Estêvão Harding pensasse nele para liderar a fundação da terceira filha de Cister, a Abadia de Claraval. Assim, com apenas 25 anos, Bernardo tornou-se abade, chefiando um grupo de monges que reunia muitos do grupo de parentes e amigos que iniciaram a vida monástica em sua companhia. Dirigiram-se para um lugar denominado Vale do Absinto, situado ao norte de Cister, no condado de Champagne. No fundo do estreito vale foi construído o mosteiro, bastante rústico inicialmente, conforme a descrição da *Vita Prima*. O lugar passou a ser chamado Claraval – vale claro – e ali Bernardo desenvolverá todo seu amor e zelo pela vida monástica, num empreendimento altamente bem sucedido, uma vez que, até 1121, sua abadia será capaz de enviar colônias de monges – doze, com um abade – para fundar outros três mosteiros.

Nesse período Bernardo foi provavelmente ordenado sacerdote e, segundo a mesma *Vita*, experimentou um sério enfraquecimento físico em razão de suas excessivas mortificações. Seu estômago parece ter-se debilitado desde os tempos de Cister e pelas mesmas razões. Até o fim de sua existência Bernardo carregará um corpo enfermo. Foi num momento em que estava afastado da vida comum em razão de sua enfermidade que Guilherme de Saint-Thierry o encontrou pela primeira vez. Uma grande amizade ligará os dois por toda a vida. Guilherme, um dos mais fecundos e cultos autores espirituais da época, também abade mas depois simples monge cisterciense, iniciou, ainda enquanto Bernardo vivia, sua biografia, certo de estar narrando a vida de um santo.

Em 1124, São Bernardo escreve seu primeiro tratado em que aborda as etapas da conversão e os graus da humildade e da soberba. Este escrito já atesta sua plena maturidade e é considerado uma obra-prima da literatura espiritual. Seu empenho pela reforma da instituição monástica o leva a intervir, a pedido de Guilherme de Saint-Thierry, numa polêmica em que se contrapõem os costumes monásticos tradicionais aos do novo monaquismo. Escreve então seu segundo tratado, denominado *Apologia* que tem a data de 1125. Ambas as obras são difundidas rapidamente no mundo monástico e eclesiástico, dando notoriedade à pessoa do jovem Abade de Claraval. Ao mesmo tempo, corre a fama de sua grande virtude e santidade, o que atrai muitos recrutas a Claraval. Dentro da Ordem, que conhece um vertiginoso crescimento, sua autoridade vai-se mais e mais impondo, sem prejuízo porém da de seu chefe, o abade Estêvão Harding de Cister. Aos poucos, seu zelo pela Igreja o leva a intervir em questões eclesiásticas controversas, umas vezes por sua própria iniciativa, outras, mais freqüentes talvez, a pedido de partes agravadas. Ainda a pedido, participa em 1129 do concílio de Troyes que confirma a instituição da Ordem Militar dos Templários, cujo fundador foi um parente seu e à qual dedicará também um tratado em que exalta esse gênero de vida. Já então é chamado a dar seu parecer em diversos concílios (não se trata de concílios ecumênicos mas assembléias regionais reunindo bispos e abades para tratar de problemas da Igreja local) onde seu parecer é muitas vezes decisivo. Escreve com desenvoltura a abades, bispos, arcebispos, grandes nobres e até ao rei da França, sem medo algum de condenar abusos e corrigir erros. Sua autoridade moral está firmada também em todo reino da França. Chega mesmo a ser repreendido e criticado por atuar demasiadamente. Move-o não a ambição de preponderar mas o zelo pela Igreja, como ele mesmo o diz na carta 20, dirigida ao Cardeal Haimeric, chanceler da Cúria Romana:

> "Os negócios de Deus são os meus, nada do que lhe diz respeito me é estranho."

Ao mesmo Cardeal que o censura por ter interferido no conflito que opôs o bispo de Paris ao rei Luís VI, escreveu na carta 48:

> "Se isto vos agrada, proibi que essas rãs clamorosas e importunas saiam de seus esconderijos e se contentem com seus pântanos. Que não se deixem ouvir nos concílios nem apareçam nos palácios, nem necessidade ou autoridade alguma as obri-

gue a intervir nas causas e negócios públicos. Talvez assim vosso amigo poderá evitar que o considerem presunçoso. Não me acusa a consciência de ter incorrido em culpa alguma nesse particular, pois sei qual é minha determinação e propósito: não sair jamais do mosteiro a não ser por assuntos de nossa Ordem, ao chamado do legado da Sé Apostólica, ou de meu próprio bispo. Pois como sabeis, por nossa humildade não podemos resistir a suas ordens, a menos que se interponha um privilégio da autoridade suprema. Se vier a consegui-lo por meio de vós, como assim espero, sem dúvida terá chegado para mim a paz e irradiarei a paz. Porém, ainda que me esconda e guarde silêncio, penso que não se calará o grito das igrejas enquanto a Cúria Romana continue a prejudicar os ausentes em benefício dos presentes."

5. O período mais intenso de sua vida: de 1130 a 1148

Em 1130, falecido o papa Honório II, ocorre em Roma uma dupla eleição: uma parte dos cardeais escolhe Pedro de Leão que toma o nome de Anacleto II, enquanto um outro grupo de cardeais elege Gregório de Santo Ângelo que se torna o papa Inocêncio II. A Igreja permanece por um momento perplexa. O problema parecia insolúvel porque, ao menos parcialmente, as duas eleições foram incorretas. Na França o rei convoca o concílio de Étampes que se pronuncia a favor de Inocêncio II, eleito pela *sanior pars*, ou seja pela parte mais digna dos cardeais, ainda que minoritária. Bernardo que é do mesmo parecer torna-se então o campeão do papa Inocêncio II em toda a Europa. Sua influência é decisiva para que aos poucos o papa legítimo se imponha. Para tanto Bernardo multiplica as viagens e contactos com reis e soberanos. Age com grande desenvoltura e como verdadeiro diplomata, possuído porém do mesmo zelo ardoroso pela causa da Igreja. A questão porém só terminou definitivamente com a morte de Anacleto em 1138. Bernardo torna-se então como que o árbitro da cristandade. Sua influência é imensa, seu prestígio não conhece limites e o papa lhe deve muito, embora mantenha sua independência. Seu biógrafo e discípulo Geoffroy d'Auxerre o chamará de coluna da Igreja. Seria longo demais tratar aqui em pormenor da atuação de São Bernardo nesses anos. Permanece sendo o Abade de Claraval preocupado com os seus monges e sua Ordem, sem deixar de se ocupar de diversos assuntos de interesse da Igreja. Recusa altos cargos eclesiásticos, como as sedes de Milão e Reims. Intervém ativamente em disputas doutrinárias tais como a condenação de Pedro Abelardo no concílio de Sens em 1142 – episódio em que sua atuação poderia merecer reparos e ainda não de todo esclarecido pelos estudiosos – ou de Giberto de la Porré. Investe contra Arnoldo de Bréscia que pregava com ardor a pobreza mas mantinha uma postura hostil à autoridade eclesiástica. Age pessoalmente, também através de seus escritos, para conter a heresia dos cátaros, movimento de raízes maniqueístas difundido sobretudo no sul da França, onde passou dois meses em 1145, pregando em várias cidades. Enfim, a eleição para o papado, em 1145, de Bernardo Paganelli, antigo monge de Claraval que se tornara abade numa das casas de sua filiação na Itália, teve certamente o sabor de uma consagração para a obra reformista de Bernardo. Este dirigiu-se então a seu discípulo, na carta 238, com as seguintes palavras :

"Mas *já que comecei, continuarei a falar a meu senhor* (Gn 18,27). Não ouso mais dizer a meu filho, pois o filho transformou-se em pai, e o pai tornou-se filho. Aquele que veio depois de mim passou à minha frente, mas não o invejo, pois o que me faltava, espero encontrar naquele que veio não apenas depois de mim mas por mim, pois, se me permites dizê-lo, fui eu que te gerei de certa maneira pelo Evangelho. Qual é com efeito minha esperança, minha alegria e minha coroa de glória? Não é acaso tu diante de Deus? Na verdade um filho sábio é a glória de seu pai. De agora em diante não mais serás chamado meu filho, dar-te-ão um nome novo, aquele que recebeste do Senhor...Tudo isto é obra de Deus, que *tira o pobre do monturo e levanta da poeira o indigente, para fazê-lo sentar-se com os nobres de seu povo e colocá-lo num trono de glória* (1Sm 2,8)."

6. Os últimos anos: 1148–1153

Bernardo nessa fase é não só um homem de grande prestígio junto ao Papa, mas a ele está ligado de forma muito especial pois foi seu próprio pai espiritual, tendo-o iniciado outrora na vida monástica em Claraval. Continua a interessar-se por todas as coisas em que os legítimos interesses de uma Igreja sadia e reformada estão de alguma forma envolvidos. Mas seu maior desafio no período foi a pregação da 2ª Cruzada. Bernardo já escrevera, como foi visto, a respeito de uma ordem militar, os Templários, que dedicavam-se à defesa dos peregrinos. Agora trata-se de uma expedição militar propriamente dita, para reforçar a frágil e ameaçada presença cristã na Terra Santa que busca apoio do Ocidente Cristão. A idéia surgiu de um desejo de Luís VII da França, acolhido pelo papa Eugênio III mediante uma bula de 1146 convocando os cristãos para uma nova Cruzada, cinqüenta anos após a primeira, proclamada pelo papa Urbano II, que reconquistou Jerusalém. O mesmo Eugênio III encarrega Bernardo de promover a empresa e este abraça o projeto com todo o ardor, vendo nesse pedido a vontade de Deus. Na assembléia reunida em Vézelay, na Borgonha, na presença de príncipes, cavaleiros e prelados, lê a bula do Papa e pronuncia um inflamado discurso. Nada mais difícil hoje do que tentar explicar esse tipo de empreendimento. Contudo os cristãos da época consideram-no não só como legítimo mas também santo. Fazer-se cruzado ou "cruzar-se" era abraçar a cruz em obediência ao mandamento de Cristo que no Evangelho pedira aos discípulos para tomar a cruz e segui-lo. Bernardo acredita que os cavaleiros que se alistam podem penitenciar-se, através dessa boa obra a serviço da cristandade, de seus pecados e excessos passados. Mais que isso, julga que os cruzados ao oferecer suas vidas, participarão da paixão de Cristo. Em sua visão, que muitos poderão considerar ingênua, a cruzada é uma obra da misericórdia de Deus pois, alistando todo tipo de gente, homicidas, perjuros, adúlteros e outros criminosos, dá a todos uma oportunidade de salvação.

Certamente seu idealismo não é compartilhado por todos e a Cruzada acaba sendo um empreendimento ambíguo em que se misturam outros interesses, inclusive políticos. Na verdade o zelo de Bernardo fez do projeto, inicialmente francês, uma expedição que reuniu príncipes e combatentes do Ocidente Cristão. Por toda parte, ricos ou pobres tomavam a cruz. Pôde escrever então ao Papa na carta 247:

> "Obedeci às ordens que me destes e a autoridade do que me comandava fez prosperar minha obediência, pois por minha voz e minhas exortações um grande número de pessoas apresentou-se para a expedição: as cidades e as aldeias estão quase desertas!"

A 2ª Cruzada foi no entanto um completo fracasso. A busca dos próprios interesses, erros táticos, desavenças entre os príncipes cristãos, talvez insuficiente preparação, tudo colaborou para seu insucesso. Muitos se voltam contra Bernardo como responsável pelo malogro da expedição. A seu ver, contudo, a causa é espiritual, os pecados dos cruzados, como escreveu no livro II do *Tratado da Consideração* (n°s 1-2):

> "Se os hebreus tombaram e pereceram por sua iniqüidade, por que espantar-nos de que os cruzados, culpados dos mesmos crimes, tenham sofrido o mesmo castigo?"

Apesar de tudo que ocorreu, surgiu um movimento por uma nova cruzada e o papa Eugênio III nomeou São Bernardo o seu chefe. O projeto não teve seguimento, seja porque Bernardo já estava por demais debilitado fisicamente, seja porque os abades da Ordem opuseram-se à idéia para não vê-lo ainda mais exposto.

Bernardo aproxima-se de seu fim. Seu desejo inicial de humilhação e ocultamento não pôde ser realizado, porque seu zelo pela reforma da Igreja e as grandes causas levaram-no a uma intensa atividade que ultrapassou de muito o plano da abadia de Claraval e mesmo o da Ordem Cisterciense, para abarcar toda a Cristandade. Incansável foi também na promoção da reforma monástica. Nesse campo sua atuação foi prodigiosa. O ritmo de expansão da Ordem Cisterciense durante sua vida nunca mais foi atingido, sobretudo na filiação de Claraval, que reuniu mais de cem mosteiros espalhados por toda a Europa. Bernardo pôs a serviço dessa causa seu talento extraordinário de escritor e teve o mérito de dar forma e expressão, de maneira eloqüente e atrativa, ao ideal de Cister.

Em sua concepção, o mosteiro é uma escola de caridade, onde Cristo é o mestre e a disciplina ministrada é o amor. Exercitando-se no amor mútuo e no amor a Cristo o monge prova ser discípulo da verdade. Bernardo o foi no mais alto grau.

No exercício, porém, de sua função de pai espiritual de monges, além de sua terna caridade, ajudou-o muito seu conhecimento da alma humana. Seus escritos revelam-no possuidor de fina psicologia, como nas descrições que faz das diversas manifestações do orgulho humano no seu *Tratado dos graus da humildade e da soberba*, sua primeira obra, onde apresenta o itinerário da conversão à união mística com Deus. Eis aqui um trecho cheio de humor em que apresenta o monge tomado pela jactância, o quarto grau da soberba:

> "É preciso que fale ou então arrebentará. Tem muito o que dizer e não pode conter-se mais. Tem fome e sede de ouvintes, aos quais lance suas vaidades, a quem declare seus sentimentos e faça conhecer o que é e o quanto vale. Encontrada ocasião de falar, se o assunto tratado são as letras, saem coisas novas e velhas, voam as frases, ressoam empoladas as palavras. Antecipa-se a quem o interroga, responde a quem não lhe pergunta. Ele mesmo pergunta, ele mesmo dá a resposta, interrompendo a frase incompleta do interlocutor."

Agora, no crepúsculo de sua vida, muitos de seus amigos mais caros, como Guilherme de Saint-Thierry e o santo bispo irlandês Malaquias, de quem escreverá a vida, já se foram. Sua última missão é atender a um apelo angustiado do arcebispo de Tréveris, para que promova a paz entre os habitantes de Metz e os Lorenos, envolvidos em sangrento conflito. Bernardo, como já o fizera tantas vezes em sua vida anterior, ainda consegue reunir forças para este derradeiro gesto de pacificador. Estamos no ano de 1153. Conta então com 63 anos. Ao regressar, plenamente bem sucedido, recrudescem os seus males físicos e recebe a notícia do falecimento, no dia 8 de julho, do papa Eugênio III. Essa morte que muito o abala prenuncia a sua própria. No dia 20 de agosto, em sua querida Claraval, cercado de seus monges, entrega sua alma a Deus. Sua reputação de santidade e taumaturgo, difundida entre seus contemporâneos e atestada por seus biógrafos, levaram a um rápido processo de canonização. Já em 1174, decorridos apenas vinte anos de sua morte, o papa Alexandre III o proclamou santo.

Bernardo é sem dúvida um dos maiores e mais famosos místicos da Igreja. Pouco falou – e foi muito discreto quando o fez – de sua experiência pessoal nesse campo, embora tenha escrito admiravelmente sobre a mútua procura do Criador e da criatura. A tradição piedosa retratou-o recebendo o abraço do Cristo crucificado. Verdadeira ou não, a cena é simbólica de sua existência. Buscou a Cristo com todas as forças de sua alma. Em um texto composto na última etapa de sua vida, certamente expressou algo do que viveu em seu íntimo (cf. Sermão sobre o Cântico 85,13):

> "Ocorre às vezes que a alma é de tal forma arrastada para fora de si, separando-se de seus sentidos corporais, que não sente mais a si mesma, pois só é capaz de sentir o Verbo. Isto se realiza quando o espírito, encantado com a doçura do Verbo inefável, rouba-se por assim dizer a si mesmo, ou melhor, é arrebatado e tirado a si para gozar do Verbo."

A morte que o levou deste mundo, permitiu a sua união não mais fugaz e imperfeita mas definitiva e sem véus, com o Cristo que tanto amou em vida.

7. Traços psicológicos

O terceiro filho do casal Alete e Tecelino foi, por motivos que não se podem compreender totalmente, objeto de uma maior expectativa, ao menos, como se sabe, por parte de sua mãe. A moderna psicologia põe em relevo as repercussões, sobre uma criança ainda em gestação, das disposições e estados de espírito da mãe gestante. Uma criança rejeitada já desde o início sentir-se-á marcada por tal atitude ao longo de toda sua vida. Ao contrário, uma criança muito amada e desejada poderá sentir, já no útero, os influxos dessa ternura. Alete parece ter comunicado assim a Bernardo o melhor de si, sua sensibilidade e delicadeza de alma, pois sua influência fez-se sentir também depois de seu nascimento. Seu filho será sempre uma pessoa dotada de rara sensibilidade ou melhor dizendo, será um hipersensível. Esta hipersensibilidade será manifestada tanto no campo afetivo como no sensorial. Bernardo era capaz de grande agudez e refinamento em seus sentimentos humanos[1]. Mas, em absoluto, não se deve pensar nele como

---

1. cf. a esse respeito I. Valléry-Radot, *L'écrivain et l'humaniste, Bernard de Clairvaux*, cap. XXVII, Paris, 1953, 449 e 454.

pessoa sensível no sentido pejorativo do termo, ou seja, alguém caprichoso e imaturo que tentava, a todo custo, fazer com que os outros pagassem tributo a sua sensibilidade. Em sua componente mais profunda, esta fazia-o captar, muito além da superfície, os sentimentos próprios e alheios, aguçava sua percepção sensível, na linha dos cinco sentidos. Em uma palavra, possuía um mundo interior riquíssimo em que estavam registradas, com grande precisão, as impressões sensoriais e sensíveis, o que o tornava apto como ninguém para penetrar, com notável lucidez, o mundo exterior, pessoas e coisas. Isto por certo lhe dava uma grande intuição psicológica, com a percepção da sensibilidade alheia. É de se presumir que a introspecção que revelou muito cedo fosse um sinal de que, dentro de si, compreendia bem mais a si mesmo e aos outros do que se poderia supor. Uma tal compreensão deveria ter como conseqüência alegrias mais intensas porém, como contrapeso, sofrimentos mais profundos e freqüentes, pelo simples fato de perceber mais e com maior veracidade. Será tudo isso mera especulação? De acordo com seus biógrafos foi um menino pensativo, introspectivo, de temperamento penetrante, com muito pudor em se auto-revelar, mostrando mesmo uma timidez bravia face a estranhos. Ruborizava-se diante de desconhecidos como que defendendo vivamente seu mundo interior. Ainda menino, temia ser "pilhado" em sua intimidade e teve que sofrer por isso. Seus primeiros mestres castigaram-no com violência para fazê-lo vencer sua reserva natural[2]. No entanto, estes sinais externos de timidez devem ser corretamente interpretados. O Pe. Irinée Vallery-Radot, com aguda penetração psicológica, discerniu aí não a insegurança de uma personalidade fraca e que não consegue impor-se, mas antes um certo temor em deixar captar o seu "segredo" íntimo por pessoas incapazes de compreendê-lo ou simplesmente diferentes de si. Tal situação de confronto com "estranhos" gera uma espécie de pânico interior e vem acompanhada da vergonha em deixar transparecer o embaraço causado no íntimo. Daí não só as perturbações físicas, como o rubor, mas também o desejo de solidão e a fuga de situações incômodas que forçariam uma revelação não desejada. Estes fatos de ordem

---

2. cf. *Fragmenta Gaufridi, 4, Anaclecta Bolandiana* 50 (1932), 91ss.

psicológica e comportamental são, como foi visto, atestados pelos biógrafos. Quanto à agudez dos sentidos, não pode ser provada pela sensibilidade descritiva do literato, muitas vezes um grande poeta[3]?

Jovem ainda, era amável em família e gentil com todos, saindo raramente e apresentando, fora deste meio, muita reserva. Destacou-se na escola pela facilidade em aprender, mostrando grande habilidade em composições literárias. Mais tarde, um cáustico crítico, Berengário, discípulo de Abelardo que julgou dever investir contra Bernardo, verá no competitivo estudante que não admitia de bom grado concorrência, um precursor do polemista que preparou uma armadilha para seu mestre no Concílio de Sens. Descontando a acrimônia do acusador, talvez haja aqui um traço de sua personalidade a ser retido. Um moderno estudioso de Bernardo, F. Gastaldelli, procurou interpretar todos estes dados esboçando um quadro mais completo, que, de maneira esquemática, é o seguinte: a timidez constitucional que o levava ao isolamento favoreceu a introspecção e a aplicação de sua inteligência invulgar permitiu-lhe o autoconhecimento, revelando-lhe os próprios valores e limites. A competitividade viria então como desejo de afirmação, ou seja, uma reação de Bernardo face ao meio.

Dessa forma, a tendência negativa de sua personalidade (a tendência ao isolamento) que poderia perturbar seu desenvolvimento harmônico é compensada favoravelmente pelos outros aspectos mais positivos, sua inteligência, reflexividade e capacidade de auto-afirmação, fazendo dele um jovem brilhante, destinado ao sucesso e com muito fascínio, também do ponto de vista da aparência física[4].

Um hipersensível sabe o momento de revelar-se e mostrar a face oculta e insuspeita de sua personalidade. A riqueza de sensibilidade afetiva, a delicadeza e penetração psicológica, enfim, o fascínio de sua pessoa manifestar-se-ão não só em sua capacidade de liderança, exercida desde que assumiu a própria vocação, antes mesmo de entrar

---

3. cf. a análise de I. Valléry- Radot, *op. cit.*, 449ss.

4. cf. F. Gastaldelli, *I Primi Vent'anni di San Bernardo, Problemi ed Interpretazione*, An. Cist. 43 (1987), 125.

em Cister, mas sobretudo, no Abade de Claraval que foi pai de centenas de monges e no amigo devotado e muito amado de inúmeras pessoas. Porém, o outro lado, a timidez, a reserva e "medo" de estranhos acompanhá-lo-ão até o fim[5]. Como introspectivo que é também sensível, a manifestação destas características dependerá das circunstâncias. Diante das multidões e estranhos será sempre tímido, mas no *tête-à-tête* e nos contactos mais pessoais aparecerá uma personalidade encantadora por certo ornada de muitos dotes sobrenaturais de cuja sedução, graça e venerabilidade existem vários testemunhos:

> "Tendo entrado nesta cabana real – *escreveu Guilherme de Saint-Thierry narrando seu primeiro encontro com o jovem abade de Claraval, em convalescença por seu esgotamento físico, causado por penitências excessivas* –, senti-me, ao considerar tanto a habitação, como aquele que ali estava, penetrado de um tão grande respeito que, invoco a Deus por testemunha, era como se tivesse subido ao seu altar sagrado. Experimentava tão grande felicidade em contemplar este homem e um tal desejo de partilhar sua pobreza e a simplicidade de sua habitação que, se me fosse dada a escolha, nada teria desejado mais que permanecer sempre a seu lado para servi-lo[6]".

> "No coração do homem de Deus – *escreveu Geoffroy d'Auxerre na Vita Prima* – estavam reunidas, numa mútua aliança, a pureza e a doçura, virtudes admiráveis mas cuja união as fazia ainda mais admiráveis. Eis porque este homem sabia captar de uma forma tão singular os corações de todo mundo; sua doçura tornava sua pureza amável e sua pureza tinha um encanto adicional por sua doçura, de tal modo que não se poderia dizer se era mais objeto de respeito que de amor... Tinha um coração repleto das mais doces afeições[7]..."

---

5. Segundo Geoffroy d'Auxerre sua timidez "usque ad diem extremum perseveravit", cf. *Vita Prima,* Pl 185, 316c.

6. *Vita Prima,* I, 33.

7. *Vita Prima,* III, 21.

"Se me fosse dado ver uma única vez tua face angélica, antes de meu fim, deixaria este mundo de miséria – *quem escreve é seu amigo, o abade Suger de Saint-Denis, e isso pouco antes de morrer* – com mais tranqüilidade[8]."

A influência de sua mãe Alete, muito clara no relato de sua decisão de abraçar a vida monástica, parece ter sido responsável por uma outra faceta de sua personalidade. Certamente foi muito ligado a ela e objeto privilegiado de suas atenções. Daqui viria seu comportamento maternal, palpável no contacto com os monges, que excluía porém autoritarismo e possessividade. Pôde transmitir-lhes a delicadeza maternal de que se beneficiara. Ainda esta mesma influência ter-lhe-ia permitido superar o antifeminismo de sua época. Seu epistolário feminino mostra-o muito próximo das mulheres, com grande capacidade de compreendê-las e amá-las[9].

O tímido, por outro lado, não foi incompatível com o arrebatado, o homem franco até a crueza, o obstinado e até o violento e agressivo nas palavras. Estão aí para demonstrar essas características algumas cartas de tom exaltado que escreveu contra adversários ou pessoas que devia combater. Particularmente reveladoras são, por exemplo, as que dirigiu contra Arnaldo de Bréscia, em quem não viu mais que um perigoso agitador:

"Dizem que Arnaldo de Bréscia, cuja conversa é como o mel e a doutrina fel, este monstro com cabeça de pomba e cauda de escorpião, que Bréscia vomitou, Roma vê com horror, a França expulsou, a Alemanha abomina e a Itália não quer receber, encontra-se perto de ti[10]."

---

8. *carta 471*, PL 182, 675c.

9. cf. F. Gastaldelli, *art. cit.*, 147 – 148 ou Maria D'Elia Angiolillo, *L'Epistolario femminile di San Bernardo*, An. Cist. 15 (1959), especialmente 24, 42 e 55.

10. *carta* 196.

"Errante e prófugo sobre a terra, todo o mal que não pode mais fazer entre os seus, não cessa de fazê-lo entre os estrangeiros e, como leão que ruge, vai buscando a quem devorar... Sua boca é cheia de maldição e amargura, seus pés velozes em derramar sangue[11]..."

Mostrou-se sempre porém um homem de grande coragem e empenho, nem se pode dizer que a violência e a agressividade tenham sido a regra de sua conduta. Este foi o campeão das grandes causas, o defensor da Igreja e de sua ortodoxia, enfim de tudo aquilo que, dentro de sua escala evangélica de valores, merecia ser apoiado.

Dentro do campo monástico, sua atividade foi marcada por um zelo que chegou, algumas vezes, ao exagero, sobretudo no que se refere a sua própria pessoa. A ruína de seu estômago, conseguida à força de mortificações e penitências, fez dele um enfermo desde os primeiros tempos, incapaz de seguir o ritmo ordinário de sua vocação cisterciense. Há quem tenha contraposto esta componente de seu caráter a um outro, sua vulnerabilidade às paixões, denotada indiretamente em seu período juvenil pelas *amicitiae procellosae*, de que fala Guilherme de Saint-Thierry[12]. Como teria mantido tais ligações se não tivesse atração por tais pessoas? Ora, o jovem abade, ainda muito perto no tempo desse período mais mundano de sua vida, não deveria, por isso mesmo, mostrar maior rigor para consigo e para com seus monges? Também sua escolha pela observância mais estrita de Cister encontraria precisamente neste fato sua justificativa, o que parece estar indicado em um escrito polêmico como a *Apologia*, uma de suas primeiras produções literárias, onde afirma que pelo fato de ser carnal e vendido ao pecado, muito fraco, necessitava de uma porção medicinal mais forte, isto é, a austeridade de Cister[13].

O próprio Bernardo, aliás, confessou-se culpado de excessivo rigor em seu relacionamento com seu primo Roberto, o que o teria também

---

11. *carta* 195.

12. *Vita Prima*, I, 6 e I. Valléry-Radot, *op. cit.*, 454.

13. cf. Anselme Hoste OSB comentando a posição de I. Valléry-Radot em seu artigo, En Péllerinage avec Saint Bernard, Coll. Cist. 26 (1964), 296.

motivado a deixar Claraval por Cluny[14]. Fato porém mais consistente como evidência desta sua tendência foi o influxo rigorista que exerceu sobre a própria Ordem Cisterciense. Um estudo recente procurou demonstrar que sua influência levou a Ordem a radicalizar seu projeto de despojamento e que procurou acentuar mais os valores da austeridade, pobreza e solidão, de resto objetivos nítidos de Cister desde o início[15]. Os dois *Exordia, Parvum* e *Cistercii*, refletiriam estas nuances, sendo o último revelador da tendência claravalense e bernardina, com mais ênfase naqueles aspectos.

Por certo, o seu temperamento radical e a história de sua vida entraram e muito em sua postura rigorista e purista, mas esta deve ser entendida também à luz de um outro fato de grande relevância, o desejo de autenticidade monástica que foi característico da reforma gregoriana nos séculos XI e XII, complemento natural da reforma da Igreja. Já se pôs em evidência o papel dessa aspiração na própria reforma cisterciense[16]. Bernardo assumiu-o e coloriu-o com seu próprio caráter arrebatado. Até o fim será o campeão da pureza e autenticidade, não só monástica mas também religiosa e eclesiástica.

É preciso notar também que Bernardo, como qualquer homem, evoluiu. Se o jovem monge e abade tende ao rigorismo, extremismo e agressividade verbal, em sua maturidade estes traços esmaecer-se-ão. Porém, se o temperamento inclina-se para os extremos, não se pode dizer o mesmo de suas idéias, sempre equilibradas[17]. Nas polêmicas e disputas de teve que enfrentar ou a que se julgou chamado a intervir, a agressividade, como já foi mostrado, aparece de forma evidente. Mas,

---

14. *carta 1*.

15. cf. Fr. Jean-Baptiste Auberger OFM, *L'Unanimité Primitive de Cîteaux: Mythe ou Realité*, Achel, 1989.

16. cf. Louis Lekai O. Cist., *The Cistercians – Ideals and Reality*, Kent, State Universit Press, 1977, 1ss.

17. cf. Francisco Rafael Pascual, *Perfil Biográfico, Obras Completas de San Bernardo*, I, BAC 444, Madri, 1983, 151.

à parte o fato de estarem dirigidas para causas que julgava objetivamente boas, não se pode deixar de reconhecer, a seu lado, outros traços como a humildade e a suavidade que denotam a complexidade de seu caráter. Que dizer de sua vitória sobre o cardeal cismático Pedro de Pisa em que só a doçura foi a responsável? Ou, então, que pensar do caso da renúncia do Abade Humberto Igny, duramente reprovada na carta 141, inclusive com a ameaça de excomunhão e a aceitação posterior e pacífica (quem sabe até na alegria) de sua volta a Claraval, aliás o objetivo da renúncia[18]? A própria carta 1 que pode chocar pela violência com que investe contra o prior de Cluny (e a própria abadia) pela fuga de seu primo Roberto, contém também uma tocante manifestação de terna afeição pelo parente arrebatado e, mais que isso, a autocrítica já citada. Pois Bernardo soube rir de si mesmo, confessou-se fraco, desejoso de ver a própria opinião impor-se e impetuoso[19], com habitual pretensão[20] e mesmo temerário[21]. Embora essas auto-acusações tenham o seu toque retórico, o conhecido episódio da expulsão de seu irmão Bartolomeu mostra-o com uma lúcida consciência a respeito de um mau ímpeto de cólera e disposto a reparar o erro[22]. Como assinalou Jean Leclerc, trata-se de um apaixonado que procura dominar-se mas não consegue fazê-lo tanto quanto se desejaria, embora esteja longe de ser alguém sem autodomínio[23]. Muito ao contrário, em geral, sua paixão é o veículo de uma atuação muito lúcida. A emotividade não é quem comanda, mesmo que seja intensíssima e tumultuosa, o que, segundo Watkin Williams, transpareceu em dois casos, na sua

---

18. S. Bernardo fez seu elogio fúnebre por ocasião de sua morte em termos elevadíssimos, cf. *Sermão por ocasião do falecimento de Dom Humberto*.

19. *Apologia*, IV, 7 e c. 280,1.

20. *carta* 275.

21. *carta* 79,1.

22. *carta* 70.

23. Introduzione, *Opere di San Bernardo* VI-1, *op. cit.*, XX.

súplica eloqüente ao fugitivo abade Arnaldo de Morimond[24] e no lamento, contido por certo tempo, pela morte de seu irmão Geraldo[25]. Em suma, a paixão costuma estar a serviço das causas esposadas, mas quando o domina, o que é raro, como no caso da expulsão de Bartolomeu, seu arrependimento é sincero e pronto[26].

A conduta de Bernardo deixa transparecer, segundo os estudiosos, certas tendências de fundo de agressividade, vontade de domínio, obsessividade. De fato, sabe-se que o psiquismo humano tem uma superfície consciente e uma faixa oculta que envolve tanto o supraconsciente, pouco explorado pela psicologia, fonte das intuições e de uma operação intelectual mais profunda, ainda que inconsciente, como o subconsciente ou inconsciente psicológico, a sede de paixões e tendências não de todo controladas no nível consciente, às vezes mesmo mórbidas. Cabe observar porém, que, se as mais nobres ações humanas passam sempre por um psiquismo concreto que as marca de algum modo e de forma inconsciente, com os traços dessas tendências mais profundas, o valor moral daquelas não se decide a esse nível inferior. Em uma palavra, a atuação consciente e a intenção deliberada não escapam à influência do inconsciente – uma perfeita translucidez não é atingida por nenhuma consciência humana –, conquanto a direção final do que é feito caiba sempre às primeiras. A graça que sobrenaturaliza a ação humana supõe, como se diz, o complexo psicológico da natureza. No caso específico de Bernardo, uma personalidade excepcional e muito distante no tempo, as teorias psicológicas permanecem sempre com boa dose de hipotético. O que importa mesmo para nós, hoje, é menos a motivação inconsciente ou latente que a atuação real, objetivamente julgada. E neste campo temos um testemunho de vida eloqüente.

A respeito de seu caráter excepcional, parece difícil harmonizar em uma única pessoa traços tão opostos, emotividade e lucidez, virilidade e tom maternal, ternura e agressividade, timidez e exaltação, sobretudo

---

24. cf. *Arnald of Morimond*, Coll. Cist. 7 (1940), 151- 152 e *carta* 4.

25. *Sermão sobre o Cântico* 26.

26. cf. Francisco Rafael de Pascual, *op. cit.*, 153.

na polêmica, rigorismo e grande capacidade de compreensão do outro, extrema energia ou intransigência e discrição, sem mencionar a grande antinomia entre o homem público e o contemplativo. No entanto, tudo isso encontrava-se em Bernardo. Uma tal personalidade não deixaria de suscitar oposição e conflitos, o que de fato ocorreu. Todavia reconciliou-se com quase todos os seus adversários, como Pedro Abelardo, contra quem moveu agressivo combate mas com quem veio a fazer a paz por intermédio de Pedro o Venerável.

8. O "*Pius Pater*"

Para muitos a principal nota da personalidade de Bernardo foi a amabilidade e a caridade. Estas evidenciam-se, talvez de forma mais palpável, no múnus paternal que foi chamado a exercer, em primeiro lugar por força de seu cargo abacial, junto a seus monges de Claraval, mas também, e de maneira distinta, junto às mais diversas categorias de pessoas, em razão da grande irradiação e poder de sedução que fizeram dele alguém a quem se podia confiar algo da própria intimidade, um problema, uma vocação, ou mesmo o destino espiritual. De fato, o *Exordium Magnum*, um dos principais monumentos da tradição cisterciense, ainda que não seja o mais primitivo, refere-se a ele com freqüência como o *Pius Pater*. Um seu contemporâneo, o abade Isaac de Estrela, escreveu sobre ele:

> "Vimos um homem que tinha algo de um super-homem; ora, alguns irritavam-se contra ele, seja por suas atividades, seja por suas admoestações. Queixavam-se em sua ausência. Mas, uma vez em sua presença, seus sentimentos rancorosos amainavam-se logo e chegavam mesmo a culpar-se por ter criticado o santo homem. Pois sua face transmitia a paz e a reverência, ao mesmo tempo que um reflexo da majestade divina, acompanhado de uma delicada caridade[27]."

---

27. *Sermo II in Assump.* B..M., PL 194, 186 a.

e, ainda:

> "... podia-se amar tudo nele, louvá-lo em tudo... seu ensinamento e sua direção jamais permitiram a alguém desfalecer por fraqueza[28]."

o que concorda perfeitamente com outros testemunhos tais como o de seu biógrafo Geoffroy d'Auxerre, para quem:

> "Seria difícil encontrar um só homem que tivesse desfrutado já em vida de um nome tão célebre e amável como o de Bernardo de Claraval[29]."

ou de Galand de Rigny, que afirmou, ainda em vida de São Bernardo:

> "Este é Bernardo, cuja face todo o mundo deseja contemplar.[30]"

Também não se pode deixar de referir a impressão do ilustre bispo cisterciense Oto de Freising, seu contemporâneo, que o viu *"ex habituali mansuetudini credulus*[31] (disposto a crer por sua habitual mansidão)."

Amabilidade, doçura, fineza psicológica e, sobretudo, caridade fizeram dele um pai espiritual incomparável. Parece, aliás, mais adequado usar este qualificativo, de preferência ao de diretor de consciência, ainda que este último esteja incluído no primeiro. Contudo, é preciso notar que sua paternidade foi mais evidente e palpável entre seus monges, o que incluía não só Claraval mas toda sua filiação. Está mais à vontade com os monges e os problemas monásticos e, neste sentido, como já se observou, difere de diretores espirituais posteriores como Francisco de Sales ou D. Marmion, com larga atuação junto às mulheres, religiosas

---

28. ib.

29. *Vita Prima*, III, 21.

30. *Vita S. Girardi de Salis*, III, 21.

31. *Gestis Frederici*, I, 47.

ou leigas, e preocupação especificamente voltada para os problemas de consciência ou da vida interior e o progresso espiritual das dirigidas[32]. É verdade que seu epistolário feminino, apesar de reduzido – apenas 32 cartas – mostra-o envolvido com os problemas espirituais e íntimos de algumas mulheres, merecendo suas confidências ou acolhendo o desabafo de suas aflições, como no caso da Condessa de Blois, a respeito dos desvios de seu filho[33]. O que se nota, porém, na maioria dos casos do epistolário referente a leigas, é uma direção mais objetiva que fica no plano eclesial, dos deveres de estado e do emprego da influência feminina (e do apelo ao feminino), para a correção de injustiças ou a promoção dos seus desígnios reformistas[34]. Não estão ausentes contudo as preocupações mais pessoais que encontram uma base para sua expressão na amizade sincera que mantém com suas correspondentes[35]. Mesmo tratando-se de assuntos práticos o tom é pessoal e vivo e pode-se perceber o objetivo de reforma moral da destinatária. Entre as mulheres ligadas a Bernardo e que sofreram sua influência espiritual, encontra-se pelo menos um caso em que se evidencia uma intimidade notável com o santo ao lado da qual aparece uma nítida relação de dependência espiritual. Foi o que ocorreu em sua ligação com a Duquesa Emengarda, que abraçou, por pouco tempo, parece, a vida religiosa, após ter-se convertido por sua ação. A cálida ternura que deixa transparecer a correspondência trocada entre os dois teria como base não apenas a profundidade afetiva de Bernardo mas também sua identificação e exultação com a obra da graça na alma da amiga[36].

Nosso interesse, contudo, deve voltar-se para o Abade de Claraval. O melhor de si mesmo parece ter ido para seus monges, o que seria con-

---

32. cf. F. Vandembouke, *Le Directeur de Conscience dans l'Eglise, in Saint Bernard Homme d'Eglise*, Paris, 1953, 139 – 140.

33. *carta* 300.

34. cf. F. Vandembrouke, *art. cit.*, 140 e Maria D'Elia Angiolillo, *art cit.*, 42 e 55.

35. cf. Maria D'Elia Angiolillo, *art. cit.*, 42.

36. ib., 50 -52.

firmado pelo fato de que, provavelmente, em sua correspondência, só as cartas dirigidas a monges e abades foram redigidas ou ditadas inteiramente, sem a intervenção dos secretários, ao menos como regra geral.

Seu enorme poder de atração, atestado não só no prodigioso recrutamento de Claraval, mas também no proverbial apego dos monges a seu mosteiro de origem – já foi mencionado o caso do Abade Humberto de Igny que desobedeceu São Bernardo em sua renúncia para poder voltar a Claraval, ao qual poder-se-ia acrescentar o do Abade Geraldo de Alvastra na Suécia que deixou Claraval com grande angústia, por ter que se afastar da direção paterna de São Bernardo – faz-nos pensar em seu carisma especial de direção das almas, fundado antes de tudo em sua experiência pessoal. Por ocasião da morte do referido Humberto falou dela, certamente deixando ecoar a sua própria vivência neste campo:

> "Que homem notável para aconselhar! Que conselheiro reto e discreto! Pude apreciá-lo tanto mais porque com mais freqüência tive ocasião de colocar minha cabeça sobre seu peito. Mas não fui o único a conhecê-lo, pudestes também conhecê-lo assim tão bem quanto eu. Quem, na multidão e grandeza de suas tentações, deixou de aprender de sua boca sua causa e remédio? Sabia penetrar tão bem todos os desvãos de uma consciência doente que quem ia confessar-se com ele poderia acreditar que havia assistido e visto tudo[37]."

De acordo com um outro testemunho, colhido dos *Sermões sobre o Cântico dos Cânticos*, Bernardo recebia habitualmente confissões – direção espiritual diríamos hoje – de seus monges:

> "Muitos de vós, penso, queixam-se a mim, nas confissões particulares, de securas deste tipo, aridez, embotamento ou estupor da alma. Sofrem por não poder penetrar os mistérios divinos[38]..."

Justamente um primeiro ponto que merece referência em sua paternidade espiritual é a insistência na necessidade de direção. Falou dela

---

37. cf. nota12.

38. *Sermão sobre o Cântico* 93.

diversas vezes em seus escritos. A propósito da esposa do Cântico que, procurando o esposo, interroga guardas, comentou:

> "Escutem-no aqueles que não temem ir pelos caminhos da vida sem guias e sem mestres, sendo, ao mesmo tempo, os discípulos e os próprios mestres na arte espiritual. E não só isso, tomam muitos por discípulos e convertem-se em guias cegos de outros cegos. Quantos acabaram, perigosamente, desviando-se do caminho reto. Ignoraram a astúcia e maquinações de Satanás e, depois de começar espiritualmente, terminaram na carne, arrastados pela torpeza até cair em condenação. Tratem antes de andar com cautela e sigam o exemplo da esposa, que não pôde encontrar a quem buscava sem antes passar por aqueles de cujo ensinamento serviu-se para ter notícias do amado e aprender bem o temor de Deus. Quem não quer dar a mão ao mestre dá-a ao sedutor[39]."

Da mesma forma, elogiando a prudência de seu amigo, o cônego Oger, que renunciara a seu cargo de superior, manifestou algo semelhante:

> "... assim como recusaste o cargo de superior, recusaste também o de dirigires a ti mesmo; de modo que não te julgando apto para ser mestre de outros, tampouco quiseste ser discípulo de ti mesmo nem erigir-te em teu próprio mestre ou diretor. E com razão, pois o que se constitui mestre de si mesmo escolhe para diretor o pior dos loucos. Para falar a verdade, ignoro o que outros pensam de si mesmos, quanto a mim, sei o que digo por própria experiência, pois julgo mais fácil governar muitas pessoas e dirigi-las que dirigir-me e governar a mim mesmo[40]."

Especificamente dirigindo-se a noviços (o original contém a expressão *novellae plantationes*), dá ainda o mesmo conselho:

---

39. *Sermão sobre o Cântico* 77, 6.

40. *carta* 8, 7.

> "Por isso recomendo-vos, tenras plantas de Deus, que ainda careceis de uma fina sensibilidade para discernir o bem do mal: não sigais vosso próprio parecer, não vos deixeis levar pelo próprio julgamento, não aconteça que este caçador astuto vos engane como a incautos ignorantes... Por isso, peço-vos que vos humilheis sob a poderosa mão de Deus, vosso pastor, e escuteis os que conhecem melhor as manhas destes caçadores, já que se formaram pela experiência própria e alheia e também por sua ascese, exercitada em repetidas provas ao longo dos anos[41]."

E ainda, após condenar a presunção dos que querem ser superiores, aconselha:

> "E enquanto depende de nós, permaneçamos na condição mais desprezível e sintamos a necessidade de que um outro nos leve pela mão[42]".

Mas a submissão ao diretor só poderá ocorrer se o discípulo aprender a descobrir a consciência:

> "Recomendo-vos manifestar com freqüência e oralmente os sentimentos que a compunção do coração vos inspira a propósito de vossas disposições interiores. Não se deve ter vergonha de manifestar o que se viu não sem grande piedade[43]."

A tal necessidade de direção devem corresponder, da parte daqueles que são superiores, as requeridas qualidades. São Bernardo, certa vez, fez referência a duas: discrição e o fervor da caridade[44]. Quanto à primeira, deve-se dizer que o rigoroso Bernardo não foi destituído do que é uma das características do espírito beneditino. Em sua sabedoria sou-

---

41. *Sermão sobre o salmo "Qui Habitat"*, 3, 3.

42. *Sermão para a festa da Conversão de São Paulo*, I, 8.

43. Citado por M.E. Wellens ocso, *S. Bernard Directeur Spirituel*, Col. Cist. 15 (1953)99.

44. *Sermão sobre o Cântico* 24, 8.

be condenar a singularidade dos jovens monges, talvez noviços, que não se contentam com a disciplina ordinária da vida comum, assim como a incapacidade de se sujeitarem à direção (que é muito mais forte que a mera obediência formal a ordens e preceitos). Eis sua repreensão:

> "Porque esta linguagem espiritual [*o texto que comenta*] desaprova vossa veemência menos discreta e vossa obstinada intransigência que muitas vezes procuro reprimir. Empenhai-vos em não vos contentar com a vida comum. Não vos bastam os jejuns prescritos pela regra, nem as solenes vigílias, nem a observância regular... preferis a singularidade ao comum. Se vos confiastes um dia a nosso cuidado por que quereis voltar a vos governar[45]?"

Esta passagem poderia ser lida em paralelo com a fina percepção do orgulho humano que inspira a singularidade, descritos um e outro no quinto grau de seu "Tratado sobre os graus da humildade e da soberba". Nele revela-se, como já foi dito, um verdadeiro psicólogo. Mas, retomando o tema da *discretio*, mesmo em seus primeiros tempos de abaciado, quando ter-se-ia mostrado com um zelo excessivo em seu ideal ascético-monástico, pode-se vê-lo recomendar a um abade beneditino com propósitos reformistas, não só a moderação e a prudência mas também a contemplação para com os mais fracos, ou seja, incapazes de acompanhá-lo no mesmo ritmo de generosidade e abnegação. A carta que contém o conselho é de 1121, ou seja, 6 anos após a fundação de Claraval[46].

Quanto ao devotamento, os pronunciamentos de Bernardo são eloquentes. Regressando de sua terceira viagem à Itália, após o fim do cisma de Anacleto, proclamou poder, daí por diante, dedicar-se mais intensamente aos seus e mesmo dever-se inteiramente a esta tarefa, pois vivia graças a seus méritos e desejava consagrar-se a sua formação

---

45. *Sermão sobre o Cântico* 197.

46. cf. *carta 83*, com referência a seu rigorismo, cf. An Proux Lang, *The Friendship between Peter the Venerable and Bernard of Clairvaux*, Studies presented to Dom Jean Leclerc, Cistercian Studies 23, Washington, 1973, 38.

e salvação[47]. Não manifestou também, certa vez, ao Papa Inocêncio II a impossibilidade de ir-lhe ao encontro por ter "uns pequeninos a que amamentar" e não poder ausentar-se sem que se escandalizassem ou ficassem expostos a algum perigo que comprometesse sua salvação[48]? São também famosas as duas cartas que, da Itália, durante o período do cisma, dirigiu aos monges de Claraval, com um pungente lamento por estar tanto tempo ausente. Afirma então que, enquanto todos choram por sua ausência, deve chorar mais intensamente pois é um só a sofrer a ausência de todos[49]. Suas preocupações são tantas quantos são seus monges[50]. Sua única alegria no meio de tantas provas é a que seus filhos lhe dão no Senhor, "desmamados" antes do tempo com sua forçada viagem, enquanto deve cuidar dos outros em prejuízo dos seus[51].

Sua paternidade tem portanto o tom maternal. De fato, a perda da alma de um de seus filhos, apesar de todos os seus esforços, expõe-no a uma dor semelhante à da mãe cujos cuidados não foram capazes de conservar a vida do filho[52].

Pode-se imaginar que seu devotamento entrasse em choque com sua intensa atividade e as freqüentes e prolongadas ausências. Num sermão em que falou da ordenação do amor que recebeu, está indicada uma solução. A caridade deve estabelecer as prioridades:

> "Que o Senhor se digne ordenar o pouco de caridade com que me gratificou, a fim de que me devote por sua honra, deixando porém o primeiro lugar para as obrigações de meu cargo. E que lhes dê precedência, sem prejuízo de uma maior afeição por aquilo que não me diz respeito em particular.

---

47. *Sermão sobre o Cântico* 24, 1.

48. *carta* 152.

49. *carta* 143.

50. ib.

51. *carta* 144, 1-2.

52. *Sermão sobre o Cântico* 42, 5.

A ordem de caridade será respeitada se tomar mais cuidado com minhas obrigações particulares e se tiver mais afeição pelos interesses maiores e mais gerais[53]."

Na verdade, Bernardo empenhou-se em ser disponível para os seus e falou mesmo na "oportuna importunidade" dos monges que o procuravam quando algo os incomodava na consciência, ainda que o fatigassem com a freqüência e demora de suas visitas não motivadas por uma verdadeira necessidade[54]. Pois os filhos o incomodavam temerariamente, mostravam leviandade e irreverência, não lhe permitindo estar livre por uma hora, enquanto se entregava ao espiritual. Havia mesmo fila à sua porta, como deixou escapar em um desabafo, aliás prontamente retratado. Num período seguinte do sermão em que isso está registrado, confessa temer que alguém mais tímido ou medroso evite falar-lhe e oculte suas indigências além de suas forças por não querer perturbá-lo[55].

Isso coloca o problema do papel do superior na comunidade. São conhecidos os sermões de Agostinho sobre os pastores. Não é muito diferente o pensamento de Bernardo (aliás Agostinho parece ter sido uma influência marcante em sua formação). Pode-se colher dele uma bela expressão na carta 73 dirigida ao abade Reinaldo, monge de Claraval, que se tornou abade de Foigny. Tudo indica tratar-se de pessoa particularmente ligada a Bernardo e desejosa de manter vivos os laços dessa ligação, mesmo distante de Claraval. Numa carta anterior, vemos Bernardo alegar a vontade de Deus para consolá-lo da separação[56]. Na que se lhe segue e que se reveste de maior interesse, surge um lamento candente de Bernardo por ver-se sobrecarregado com as queixas importunas de Reinaldo, relativas ao peso de suas funções abaciais:

---

53. *Sermão sobre o Cântico* 49, 6.

54. *Sermão Diverso* 93, 2.

55. *Sermão sobre o Cântico* 52, 7.

56. *carta* 72, 5.

"... tu que devias ser para mim um báculo de apoio, infundes-me [*com teus lamentos*] tristeza sobre tristeza e acumulas, para mim, cruzes sobre cruzes. Se em mim é sinal de caridade não mostrar-me indiferente a nenhuma de tuas angústias, em ti é culpável e cruel deitá-las todas sobre mim[57]".

Em seguida, passa a fazer-lhe uma exortação a respeito dos deveres do abade:

"Esta carga não é outra a não ser a das almas, sobretudo as enfermas, pois as sadias não necessitam de quem as carregue e, assim, não são pesadas. Saiba que és abade e pai daqueles que encontrares tristes, pusilânimes, murmurantes. Consolando, exortando ou corrigindo cumpres o teu dever e levas a tua carga, pois é suportando-a que os curas. Se houver quem seja tão sadio que mais te ajude que seja por ti ajudado, deste não és pai mas irmão, companheiro e não abade. Por que te lamentas então que alguns de teus monges te são pesados e não te proporcionam consolo e alívio? Só tu foste posto para consolar os outros[58] ...".

Aqui está uma bela lição sobre a paternidade que, no entanto, é superada pelo próprio gesto de Bernardo ao escrever-lhe novamente. Agora, na ausência de notícias de Reinaldo, por certo temeroso de incomodá-lo indevidamente, aflige-se mais ainda que quando devia suportar suas queixas:

"Pensei que com isto[*a reprovação anterior*] ia aliviar minhas penas mas agora reconheço que, longe de aliviá-las, aumentei-as ainda mais. Porque antes me afligia com o que me comunicavas, mas agora que nada sei de ti, suspeito terem vindo sobre ti todas as espécies de males".

E concluiu:

---

57. *carta* 73, 1.

58. *carta* 73, 2.

"... rogo-te, que não me ocultes o que te ocorre, de modo que, pensando poupar-me, mais me venhas a afligir[59]".

Como no Evangelho, a alegria de Bernardo, pai e abade, é a cura do doente e a recuperação do que está perdido. Certa vez declarou não saber exatamente por que amava mais ternamente aqueles que, depois de corrigidos e mediante a correção, curaram-se de suas enfermidades, que os outros que são fortes desde a sua conversão e nunca necessitaram desse remédio[60].

O trato com os faltosos exige misericórdia. A que soube inculcar a outros certamente foi também a sua. É necessário recordar aqui a carta 70 em que narra o episódio da expulsão de seu próprio irmão Bartolomeu, fazendo-o justamente para corroborar um conselho de indulgência com relação a um faltoso. Bernardo confessou que quanto mais era patente a miséria de alguém, mais via nascer em seu íntimo a compaixão. Para a recuperação do que caiu não se deve nem mesmo recuar diante da humilhação de revogar as próprias medidas punitivas. Nesta mesma carta ensina ainda que:

"...mesmo que fosse pecado ter misericórdia, por mais que resistisse, não poderia deixar de exercê-la."

Uma outra vez vêmo-lo reprovar vivamente o monge Alardo, por não se mostrar condescendente com um noviço faltoso mas arrependido e opor-se ao seu reingresso no mosteiro[61].

Sua misericórdia estava unida a uma certa doçura e compreensão humana que a tornava ainda mais atraente e eficaz. A João de Buzay, abade que renunciou a seu posto para ser eremita, contra sua vontade expressa, declarou com muito encanto:

---

59. *carta* 74.

60. *Sermão sobre o Cântico* 29,6.

61. *carta* 414.

"Pelo que me fazes perdôo-te e dissimulo, nem quero agora acorrer com as varas. Esforçar-me-ei por atrair-te com a mansidão, com espirito de amor e misericórdia, porque é mais conforme a meu espírito e creio que assim conseguirei mais[62]."

Não é, aliás, o próprio Bernardo que procura desculpar as faltas do filho da Condessa de Blois, alegando, diante de suas queixas amargas, a juventude do delinqüente e a desproporção entre a ingratidão dos filhos e o dever materno de amá-los apesar de tudo? Sua conversão, acrescenta, virá mais da prudência, da brandura e da bondade obsequiosa que das reprimendas e castigos[63]. Enfim, um exemplo comovente de doçura, na carta que escreveu a Arnaldo, o fugitivo abade de Morimond, prometeu lançar-se a seus pés, abraçar seus joelhos e, levantando-se, cobrir de beijos a "fronte tão amada" que em sua companhia e por tantos anos dobrou-se ante o suave jugo de Cristo[64]. Bernardo ardia por sua conversão, ou seja, o abandono de um projeto insensato de fundação na Terra Santa, motivado pelas dificuldades que enfrentava em Morimond e que era causa de escândalo na Ordem.

Todas essas qualidades deviam ser completadas por duas virtudes. Conforme a regra de São Bento, o pastor deve ensinar mais por exemplos do que por palavras, pois, de outro modo, "suas palavras serão menos saborosas" e os que estão sob seus cuidados "menos desejosos de as ouvir[65]". Além disso, sem humildade e desconfiança da própria sabedoria, não pode haver direção segura mais sim presunção e imposição. Ora, Bernardo mostrou, em mais de uma circunstância, a capacidade de desconfiar de si e mudar de opinião. Ainda uma vez vale o exemplo da expulsão de Bartolomeu, em que, reconhecendo sua falta, submeteu-se ao julgamento da comunidade, ou seja, a volta do irmão

---

62. *carta* 233, 3.

63. carta 300.

64. *carta* 4.

65. *Sermão sobre o Cântico* 76, 9.

mas não no último lugar, por ter-se tratado de uma penalidade imposta irregularmente. Vale também a menção de um episódio mais singelo, o dos cães que lhe foram presenteados por um certo monge. Homem de "misérrima conversão", seus dons são vistos pelos monges de Claraval como uma espécie de contaminação para seu mosteiro, portadores que são, em sua opinião, da maldade de seu antigo senhor. Assim pressionado, Bernardo que os havia aceito por caridade, admite humildemente devolvê-los fazendo-os acompanhar de um delicioso bilhete[66]. Tais fatos são reveladores da existência de um clima sadio e familiar de diálogo e compreensão mútuas entre abades e comunidade de Claraval, atmosfera de resto propícia para o exercício de uma verdadeira paternidade espiritual.

Este ambiente saudável de Claraval pode ser evocado também em algumas narrativas que chegaram até nós. Geoffroy d'Auxerre fala no caráter amável, quem sabe bem-humorado, das exortações de Bernardo e testemunha que, retornando de uma de suas inúmeras viagens, procurou imediatamente os jovens monges, então em número de 80, os quais, contudo, não tinham deixado de estar presentes em seu espírito. Após saudá-los, chamou um deles e disse sabê-lo muito provado, tendo-o visto assim em pensamento. Sua atitude e ensinamento foi então simplesmente abraçá-lo e beijá-lo, consolando-o abundantemente, isto é, nada mais que mostrar um coração terno[67]. Um outro episódio relatado pelo Abade Henrique, formado em Claraval, mostra-o entrando no dormitório dos noviços, acompanhando de um converso com uma cesta cheia de queijos. Aproximou-se de Henrique, o sênior, deu-lhe um pedaço e disse-lhe: "Come, meu irmão, tens ainda um longo caminho a percorrer", fazendo em seguida o mesmo com os demais. Estimulava assim, ao mesmo tempo, o corpo e o espírito. Jean Leclerc conclui destes relatos que Bernardo sabia ser devedor de suas atenções àqueles que atraía pessoalmente para o claustro, assim como mostrava-se consciente do

---

66. cf. Jean Leclerc, *S. Bernard et la Communauté Contemplative,* Coll. Cist. 34 (1972), 74.

67. *ib.*

valor de sua presença consoladora e, talvez, mais importante ainda, também do fato de que seus noviços enfrentavam dificuldades, provações e tristezas. Daí sua ação direta sobre eles, mesmo tendo um mestre de noviços formalmente encarregado[68]. Esta era a sua amabilidade proverbial que temperava seu não menos conhecido zelo e rigor. Por tudo isso o mesmo Geoffroy pôde afirmar que *"Omnis congregatio in illius conspirabat amorem"* ("todos na comunidade estavam cheios de amor por ele")[69].

9. O homem que se revela plenamente em suas amizades

Como já foi observado anteriormente, a hipersensibilidade de Bernardo é talvez a principal chave hermenêutica para a compreensão de sua vida. É a ela que se deve recorrer, ainda uma vez, se se deseja conhecer o homem que soube fazer amigos, inúmeros e diversificados, e manter fielmente, o que é mais difícil, os laços criados. Além do Pe. Valléry-Radot, também Louis Bouyer viu nele uma capacidade prodigiosa de querer e sentir, de resto ambígua. De um lado o homem público será auxiliado pela firmeza, quem sabe até a obstinação da vontade, enquanto o amigo beneficiar-se-á da capacidade de amar intensamente e com grande ternura. Mas quem sente em profundidade e, por conseguinte, quer com obstinação, também é capaz de ser apaixonado ou passional e, no limite, violento[70]. Em Bernardo a violência nunca passou do nível verbal e, assim mesmo, em casos em que, a seu juízo, a mereciam. Mais adiante serão analisados os grandes móveis de sua atuação pública e eclesiástica. Nesta seção cumpre permanecer dentro dos limites de seu relacionamento de amizade. Aqui sua sensibilidade atuou poderosamente. Ainda que se diga que a famosa carta nº 1, escrita a propósito da fuga de seu primo para Cluny, por instigação do prior

---

68. *ib.*

69. *Vita Prima*, PL 185, 580, 12.

70. Louis Bouyer, *La Spiritualité de Cîteaux*, Paris, 1955, 29-57.

Mateus, foi apenas um panfleto destinado à circulação pública e que o destinatário não a tenha jamais lido[71], o que, aliás, é hipotético, permanece inteiro o fato de que pulsa neste escrito uma reação emocional muito intensa, seja no ataque ao prior-raptor, seja no grito da afeição mutilada pela ausência de uma pessoa querida:

> "... não posso mais ocultar minha dor, reprimir minha ansiedade, dissimular minha tristeza...
>
> Infeliz sou por não mais te possuir, mais te ver e viver sem ti, por quem morrer seria viver e sem quem viver é morrer! Não me pergunto pois por que partiste mas queixo-me porque não voltas..."

A parte que têm nesta reação a retórica e a causa cisterciense não explicam tudo.

O relacionamento humano de Bernardo – como sua vida mística e sua piedade – assumiu, numa síntese harmônica, tanto seu temperamento como suas aquisições de ordem sobrenatural ou, numa linguagem mais convencional, refletiu uma perfeita integração entre a natureza e a graça. Louis Bouyer viu-o com um *handicap* psicológico em seu ponto de partida, uma sensibilidade *meurtrie* e um temperamento que o encerrava em si mesmo. A violência de sua opção pelo claustro e sua insistência, desde o início, em uma pureza radical, ligada à crucificação quase total de sua sensibilidade, fazem pensar em uma chave existencial, quem sabe na infância ou adolescência, que permaneceu oculta para nós que o contemplamos à distância. Contudo, o que é surpreendente, Bernardo não é recalcado, uma personalidade postiça que oculta uma região pantanosa nas profundezas de seu ser. Ao contrário, seu psiquismo revela uma magnífica integração que soube valorizar o que nele havia de positivo. Sua piedade e sua mística que começam pelo amor carnal (em que a sensibilidade e afetividade humanas têm seu peso), sem o negar, vão muito além, atingindo uma sublime caridade[72].

---

71. cf. An Proux Lang, *art. cit.*, 44, que se apóia em Bredero.

72. L. Bouyer, *op. cit.*, 45 e 55.

É verdade que a análise de Bouyer supõe a historicidade da *Vita Prima*, ao menos no que se refere ao início da vida de Bernardo, o que muitos não concederiam. Mas é mesmo necessário rejeitá-la em bloco? Adiante a questão será retomada.

Quanto à referida integração no plano das amizades, pode-se dizer que o tom carinhoso que ostentam, põe-nas longe de uma caridade fria ou desumana. Se Bernardo é guiado por considerações mais objetivas, não deixa de ser movido também pelos sentimentos. Ademais, o "puro amor" de que falou, não implica destruição da criatura, inclui e não rejeita as afeições, antes as ordena[73].

Bernardo parece ter sido uma pessoa que se enternecia facilmente, daí o caráter manifestamente afetivo de suas ligações. Em suas cartas, mesmo dando o devido desconto às fórmulas retóricas, subjaz uma personalidade espontaneamente terna. Quem não se inflamaria ao ler a carinhosa reação com que acolheu a carta de seu querido amigo Pedro o Venerável?

"Percorri rapidamente tua carta, mas com grande afeição. Estou tão ocupado... mas afastei-me e me esquivei das solicitações e interferências de todos, encerrei-me com o meu secretário Nicolau que também amas. Li e reli a grande doçura que emanava de tua carta[74]".

Ou não exultaria de alegria, como a Duquesa Emengarda, em se saber tão ardentemente desejada?

"Detesto as ocupações que me impedem de ir ver-te... é verdade que isto não ocorre com freqüência, mas, embora seja assim, não experimento menor felicidade[75]...".

---

73. Adele Fiske, *St. Bernard of Clairvaux and Friendship*, I, Citeaux 11 (1960), 7.

74. *carta* 389.

75. *carta* 117.

Mas, ao inverso, poder-se-ia perguntar, Bernardo ficou apenas numa afetividade fácil ou convencional? As evidências sugerem uma resposta negativa. Há muitas afirmações em seus escritos que o mostram bastante consciente dos problemas concernentes às amizades e do seu valor sobrenatural.

Antes, porém, de entrar no tema de uma "doutrina" da amizade em Bernardo, é preciso tecer algumas considerações sobre a amizade entre os cistercienses no século XII. B. McGuire julga este aspecto tão relevante que relaciona a decadência da Ordem após a segunda metade do século XII com o declínio da amizade monástica, e não mais possível em mosteiros superpovoados e com uma menor unanimidade em torno do ideal comum – o fascínio da busca de Deus – capaz de gerar maior comunhão e intimidade[76]. Na verdade, esse século representou um clímax no culto da amizade, fazendo-a mais profunda, mística e cristã do que em qualquer outra época, sobretudo nos círculos monásticos. Nestes, Bernardo, ao lado de Elredo, é um dos mais notáveis exemplos. Em suas relações estavam unidos um ascetismo prático e um terno misticismo[77]. Não faltou quem quisesse relacionar seu pensamento sobre a amizade com a doutrina da *Carta Caritatis*, com sua característica preocupação com a unidade e laços fraternos entres as comunidades que deviam levar à unanimidade dos corações – tão cara à tradição cenobítica – pela semelhança de um mesmo ideal, tudo isto descrito com uma linguagem própria da amizade, aplicada ao relacionamento monástico. Assim, os monges puderam dar à sociedade contemporânea uma contribuição de civilização e humanização, além do testemunho cristão que lhes é próprio, revelando novos recursos da natureza humana com sua riqueza de sentimentos e refinamento de afetividade[78]".

---

76. cf. *The Cistercians and the transformation of Monastic Friendship*, An. Cist. 37 (1981), 4 e 8.

77. A. Fiske, *art. cit.*, 4.

78. *ib*, 7, 9 e 10.

Bernardo, sem ter escrito um tratado sobre a amizade, como Elredo, abordou o assunto, muitas vezes, sem fazê-lo, contudo, *ex-professo*[79]. A principal fonte para a avaliação de seu pensamento sobre o assunto são as cartas. Todavia, se o material que pode ser extraído destas for comparado com o que escreveu sobre o amor geral, ter-se-á uma doutrina e bem coerente. Talvez a idéia básica seja a de que todo amor deve estar fundado no amor de Deus. Ora, o amor de Deus é a caridade e esta deve gerar toda a verdadeira amizade, ou, para citá-lo textualmente, "a caridade bate com confiança à porta do amigo, sendo como é a mãe de todas as amizades[80]". Mas o dom divino da caridade passa pelo plano da natureza – pois todo amor começa pela carne[81] –, sem aí nada destruir e, desde logo, o que é meramente humano, os laços de simpatia e afeição entre duas pessoas, é elevado a um plano sobrenatural. Há então como que um circuito fechado, Deus é a origem e o fim da amizade e esta é da ordem da caridade. O que vale para o relacionamento de amor entre o homem e o Cristo vale, *mutatis mutandis*, para o relacionamento entre amigos. O itinerário do amor carnal, já positivo, ao espiritual, encontra-se detalhadamente descrito no vigésimo *Sermão sobre o Cântico dos Cânticos*, ao menos no que toca a Cristo.

Adele Fiske procurou demonstrar em um alentado estudo, baseado em seu espistolário, a importância dos conceitos bíblicos da imagem e semelhança, aliás uma das chaves de sua teologia mística, em sua teoria sobre a amizade. Na mística, usando as duas referidas noções (a segunda perdida pelo pecado e a primeira apenas ofuscada), Bernardo propõe uma ascese de restauração da semelhança perdida, através do amor. A imagem divina perdida que permaneceu no homem está em sua vontade, mesmo que freqüentes vezes inclinada para o mal. O esforço ascético buscaria justamente esta reorientação da vontade, gerando um

---

79. Uma bibliografia para esse assunto incluiria A. Fiske, *art.cit.*. e B. P. Mc Guire, *art. cit.*, com referências adicionais em seu corpo.

80. *carta* 11, 2.

81. *ib*, 8.

perfeito acordo no amor. Ora, o amigo torna-se, pelo amor, uma imagem impressa na alma de quem o ama e esta forma de presença na alma revela Deus, refletindo sua santidade como um espelho, de tal modo que, contemplando-a, o amigo pode alcançar a semelhança buscada. Este aspecto de sua doutrina está indicado em uma de suas cartas a Pedro o Venerável :

> "Quem me dera imitar tua humildade tanto quanto a admiro! Quem me dera gozar de tua santa e desejada presença não por certo sempre, nem com freqüência, mas ao menos uma vez por ano! Julgo que nunca voltaria vazio. Não contemplaria em vão o exemplo de virtude e de perfeição religiosa nem o espelho da santidade que és, pois o que até agora não aprendi de Cristo certamente enxergaria, não pela fé, mas com os meus próprios olhos, vendo-te também *doce e humilde de coração* (Mt 11,290)[82]".

Mas retomando o tema da amizade como caridade e dom, sem que perca nada do que é legitimamente humano (sua abertura para o sofrimento e a alegria), pode-se compreender por que seu relacionamento foi tão intenso e comovente. Neste ponto melhor seria deixar falar o próprio Bernardo.

A Guilherme de Saint-Thierry afirmou que a amizade é uma graça e uma inspiração de Deus, justamente em uma carta em que respondia à sua queixa de amá-lo menos. Eis o texto:

> "Sim, Senhor, vós que nos inspirastes este mútuo amor, sabeis em que medida o inspirastes em mim e nele... Esclarecei-me, ó Deus, a fim de que, sabendo e amando o que é preciso amar, como e por que é preciso amar e não querendo ser amado a não ser em vós e na proporção que o devo ser, tenha a alegria de ver a caridade bem ordenada em mim[83]".

---

82. *carta* 265.

83. *carta* 85, 2.

Em duas outras cartas aparece a mesma idéia, porém expressa de outra maneira. À mesma Emengarda, duquesa da Bretanha, escreveu:

> "Se pudesses ler em meu coração o que aí o dedo de Deus dignou-se a escrever quanto a minha afeição por ti, reconhecerias verdadeiramente que nem a língua nem a pena são capazes de exprimir o que foi impresso pelo Espírito Santo no mais íntimo de meu ser.
>
> Aquele que te inspirou amar-me assim e escolher-me por diretor de tua salvação, inspirou-me igual afeição, a fim de que possa retribuir a tua[84]..."

e, com as mesmas palavras, dirigiu-se a seu amado Pedro de Cluny:

> "Oxalá pudesse enviar-te meu coração como te envio esta carta. Verias então em caracteres bem claros e profundos o que o próprio dedo de Deus nele escreveu quanto ao teu amor, o que deixou impresso em minhas entranhas[85]".

A graça da amizade é tão forte que "igualou no coração a dois homens que não podiam ser mais desiguais[86]".

Porém muito mais que inspirar a união dos corações, conforme Bernardo, Deus está presente na amizade e o próprio Cristo é o liame entre os amigos. Então, a única razão de amar o amigo é Deus[87]. Desta maneira, Pedro o Venerável podia escrever-lhe, recordando sua antiga ligação:

> "Éramos ainda muito jovens quando nos começamos a amar em Cristo[88]".

---

84. *carta* 116.

85. *carta* 387.

86. *ib.*

87. cf. Jean de la Croix Bouton, Le Sceau de l'Amitié, Bernard Homme d'Eglise, cit., 232ss e *carta* 271.

88. *carta* 388 (da coleção de Bernardo).

É interessante notar que, quando Elredo vier a falar da amizade espiritual, sua linguagem não será diferente. As primeiras palavras do seu famoso *De Spirituali Amicitia* serão uma expressão poética deste tema:
"*Ecce ego et tu, et spero quod tertius inter nos Christus sit*".

e seu tratado atinge seu ponto mais sublime com a afirmação de que a afeição entre os amigos leva a uma união mais intensa com Cristo:

> "Quando o amigo intercede pelo amigo junto a Cristo e quer ser ouvido por ele para o bem do amigo, sua atenção volta-se com amor e desejo para Cristo; então às vezes ocorre que, imediata e insensivelmente, um amor transforma-se em outro e chega-se a uma íntima experiência da suavidade do próprio Cristo e os amigos começam a sentir sua doçura e seu encanto. Sobe-se assim do sagrado amor com que se ama o amigo àquele com que se ama Cristo[89]..."

o que é comparável ao movimento que se encontra em Bernardo, segundo o qual o amor de compaixão pelos outros, que nasce do autoconhecimento e do amor de si mesmo, torna-se por fim amor carnal pelo Cristo, o que, por sua vez, é o início da união mística. Como os amores integram-se, há, não só em Bernardo, mas na espiritualidade cisterciense plasmada na *Carta Caritatis*, uma necessária relação entre amor fraterno, aquisição da perfeição e união de amor com Deus[90].

Um outro aspecto desta integração é o fato de que a obra da graça pode ser o fator "potencializante" de uma amizade em princípio meramente humana. Como é sabido, Bernardo era um homem que se enternecia facilmente pelos amigos, sem dificuldade entrava em sintonia direta com corações que lhe eram próximos e operavam na mesma faixa de sensibilidade. Muito certamente no caso da Duque-

---

89. *De spirituali amicitia*, III, 133-134, segundo tradução inglesa em Cistercian Fathers Series, 5, Kalamazoo, 1977.

90. A. Fiske, *art. cist.*, 9.

sa da Bretanha, beneficiária de duas cartas inflamadas, esta sintonia geradora de enternecimento explica boa parte do tom ardoroso dos escritos. Porém há motivo adicional para que se sinta ligado a Emengarda. Exulta por vê-la aceitar o chamado da graça e converter-se, pois, de fato, esta dama de alta linhagem estava em um convento quando recebeu a carta antes citada. Há, portanto, uma outra relação que se superpõe à da empatia, Bernardo gerou Emengarda para a vida da graça e à gratidão desta correspondente à felicidade daquele por exercer uma tal paternidade[91].

A sobrenaturalização da amizade faz com que seja vivida no plano da caridade que eleva os sentimentos humanos e a esfera em que os amigos se relacionam é manifestamente espiritual. Antes de tudo não se pode sacrificar a posse de Deus à amizade, o que motivou, por exemplo, sua recusa em atender o pedido do Conde de Champagne, homem poderosíssimo, muito ligado a Bernardo e grande benfeitor de Claraval, que desejava obter, com sua ajuda, uma dignidade eclesial para seu filho mais jovem. A carta que contém a recusa fala numa hierarquia de amores, Bernardo ama o Conde Thibaud (Deus sabe melhor do que ele mesmo), é amado por ele e ama com carinho seu filho Guilhermino (Willelmulo), porém, acima de tudo está Deus e sua vontade e não quer, com uma ofensa a Deus, separar-se de Thibaud, pois sabe-se amado por este em Deus, nem muito menos privar Guilhermino da posse de Deus, concedendo-lhe ilicitamente um benefício eclesiástico[92].

Assim como a ofensa a Deus destrói os laços da amizade, as virtudes e a prática do que agrada a Deus podem criá-los e consolidá-los .O abade Vivien de Haute Combe é seu íntimo em razão de sua piedade[93] e o abade de Santo Albino, sem ser conhecido pessoalmente, pôde receber uma carta afetuosa, apenas porque a fama de suas virtudes chegou-lhes aos ouvidos:

---

91. Maria D'Elia Angiollilo, *art. cit.*, 50 e 52.

92. *carta* 271.

93. *carta* 54.

"Ainda que jamais te tenha visto, conheço-te bem pela fama de teu nome e é-me grato conhecer-te assim, pois, de tal forma tomaste posse de meu coração que mesmo em meio a minhas muitas ocupações tua suave recordação absorve-me por completo[94] ...".

Porém a amizade tem suas exigências, é uma planta delicada que deve ser cultivada com cuidado. Só é verdadeira quando nutrida pela própria verdade. Daí Bernardo não temer vir a contristar o abade Suger, por reprovar vivamente o diácono Étienne de Garlande, seu íntimo, pois não lhe agrada "a amizade que se mantém à custa da verdade[95]. Ademais, não há amizade contra a justiça[96], nem muito menos admite-se que possa haver "arranjos entre amigos, contrários também à verdade[97]".

Enfim, os exemplos de elevação da amizade poderiam multiplicar-se. Valeria a pena, se fosse possível, percorrer todo o dossiê das cartas que documentam sua relação com Pedro o Venerável. Ali se acharia não apenas o sublime mas também o encantadoramente espontâneo, a jovialidade muito humana de uma alma delicada. É fato digno de nota que tanto Pedro quanto Guilherme tiveram desejo de ingressar em Claraval, certamente para aí viver um nobre ideal, mas também para fazê-lo ao lado de um querido amigo[98].

Parece que seu grande testemunho neste aspecto – e seu grande mérito – foi não ter permitido que o humano se corrompesse pelo demasiadamente humano. Sua profunda afetividade fez dele um amigo privilegiado mas, como já se observou, os dotes naturais isoladamente considerados constituem uma explicação insuficiente[99]. Bernardo foi perfeitamen-

---

94. *carta* 204.

95. *carta* 78,13.

96. *carta* 15.

97. *carta* 35.

98. Quanto a Pedro, cf. A. Fiske, *art. cit.*, 14 ou M. Jean-Baptiste Auniord, *L'Ami* de Saint Bernard, Col. Cist. 18 (1956), 90.

99. Maria D'Elia Angiolillo, *art. cit*, 55.

te consciente da presença de Deus nas almas e deixou-se guiar pela caridade. Não é mera coincidência o fato de suas amizades terem sido mais intensas no meio monástico onde, através dos amigos, podia estar mais perto de Deus, como foi o caso de sua ligação com Guilherme de Saint-Thierry e Pedro o Venerável[100]. Acreditava, além disso, que

> "...amar em Deus é possuir a caridade e fazer-se amar por Deus é pôr-se ao serviço da caridade[101]".

Quando concebidas nessas bases, as amizades são perenes, ou, antes, uma antecipação da eternidade, o que se passa aqui prolongar-se-á lá, como escreveu ao seu caro Abade Roger:

> "Quem é hoje causa de nossa passageira separação será então o forte laço de nossa união. Sem deixar de estar presente a cada um de nós, conservar-nos-á para sempre presentes um ao outro[102]".

10. O Homem Público

Este último aspecto de seu relacionamento humano é, talvez, o mais problemático. A irradiação de sua forte personalidade lançou-o fora do claustro já na faixa dos 30 anos. Sua atuação, a princípio limitada a questões eclesiásticas locais, projetou-o na França e, sucessivamente, com o cisma de Anacleto, em toda a cristandade. Só o fato de um abade exercer tanta influência é por si só sintomático e revelador de toda a orientação de sua época, tempo de fé intensa e unidade espiritual. Semelhante fenômeno não mais se repetiu na história. Contudo para muitos justamente nesta atividade externa consistiu sua fraqueza. Foi no exercício dessas diversas missões que mais se expôs a críticas por parte de

---

100. cf. *carta* 85, 2 e 265.

101. *carta* 90, 1.

102. *carta* 324.

seus contemporâneos e também dos estudiosos que se têm dedicado ao trabalho de interpretar sua personalidade.

Até a década de 60, Bernardo de Claraval tinha sua vida estudada sobretudo a partir dos cincos livros da *Vita Prima*, biografia escrita por contemporâneos, principalmente Guilheme de Saint-Thierry e Geoffroy d'Auxerre. Naquela altura, porém, um estudioso holandês, Adrian Bredero, pôs em dúvida a autenticidade das informações ali contidas e defendeu a tese de que aquele escrito não passava de uma obra de circunstância, preparada e até reelaborada com vistas à canonização de São Bernardo. Além disso, em sua opinião, um outro ponto fraco dessa obra é o *parti-pris* de seus autores que, numa atitude apologética, procuraram afastar toda possível crítica – e de fato Bernardo foi criticado durante sua vida – sob o argumento da vocação extraordinária à santidade que recebeu de Deus. Para aqueles, não considerá-lo sob este prisma eqüivalia a não o compreender. Em meio a clichês hagiográficos e a abundância do maravilhoso ter-se-ia sepultado sua personalidade real e humana, com suas incoerências e fraquezas. Enfim, a *Vita Prima* teria apenas o valor de um testemunho indireto da polêmica subjacente à sua controvertida figura de monge e homem público[103].

A acurada crítica de Bredero representou um *turning point* nos estudos bernardinos e, em geral, foi levada em consideração. Contudo, trabalhos recentes têm indicado uma tendência a tomar suas conclusões com cautela[104]. Em especial W.E Goodrich procurou fazer a "crítica da crítica", isto é, rever ao menos as principais afirmações de Bredero sobre a personalidade pública de Bernardo[105]. Este estudo terá capital importância na exposição que se segue.

---

103. cf. *Etudes sur la Vita Prima de Santi Bernardi*, I, An. Cist. 17 (1961), 1–72, II, 215 – 260 (em especial 243ss) e III, ib., 18 (1962), 3–59, ou ainda *La Canonisation de Saint Bernard et sa Vita sous un nouvel aspect*, Cîteaux 25 (1974), 185 – 198.

104. cf. por exemplo J.R. Sommerfeldt, *The Chimaera Revisited*, Cîteaux 38 (1987), 5–13 ou F. Gastaldelli, *art. cit.*, que, embora sem polemizar diretamente com Bredero, parecem mais dispostos que este a aceitar as informações Sda *Vita Prima* sobre São Bernardo.

105. W.E. Goodrich, *art.cit.*

O grande problema, ou melhor, a grande acusação que emerge diante do enérgico pregador e homem de ação que foi Bernardo, diz respeito a sua incoerência íntima ao tentar viver dois papéis irreconciliáveis, o de monge e eclesiástico influente. O monge devia, segundo o próprio Bernardo, limitar-se ao claustro[106] e procurar mais a humildade da penitência que os riscos do magistério pois sua missão "não é ensinar mas chorar[107]". Na famosa carta 142 que contém o que muitos consideram a definição da vida cisterciense, ao menos em sua concepção, afirmou:

> "Nossa maneira de viver é de abnegado serviço, de humildade, de pobreza voluntária. É a obediência, paz e alegria no Espírito Santo. Nossa vida é estar sob um mestre, um abade, uma regra, uma disciplina. Nossa vida é aplicar-se ao silêncio, praticar o jejum, as vigílias, orações, trabalho manual e sobretudo seguir o mais excelente caminho, que é a caridade. Em todas essas observâncias, ir crescendo dia a dia e nelas perseverar até o último dia".

Ora, é sabido que Bernardo está longe de configurar-se a esse modelo. Tradicionalmente buscou-se defendê-lo da acusação de infidelidade à vocação alegando-se a excusa da obediência. Teria sempre aceito o chamado da autoridade para agir e, assim mesmo, a contragosto. A carta já citada em que responde precisamente às críticas feitas às suas intervenções intempestivas, estaria a corroborar esta argumentação. Invoca-se ainda o famoso grito de angústia da carta 250 em que se apresenta como a quimera de seu século, nem clérigo nem leigo, monge pelo hábito mas outra coisa pela conduta. Haveria aqui o desabafo pungente de quem se sente infiel à própria vocação – subentenda-se – contra sua vontade. Bredero vai mais longe e insiste num conflito psicológico mais agudo que ultrapassava de muito o plano moral, ou melhor, ideológico, dos papéis próprios do monge e do leigo. Em sua

---

106. cf. *cartas* 11, 12, 143, 144 e 250.

107. *carta* 89, 12.

opinião, seria melhor falar em ambigüidade psicológica[108] que, de resto, ainda não lhe parece ter sido convenientemente explicada. Seja como for, há uma antinomia que pede uma reflexão capaz de torná-la inteligível ou justificada.

Além desse problema de natureza íntima, levanta-se, cada vez com maior freqüência, um outro, de ordem propriamente moral. Trata-se do caráter político da atuação de Bernardo e de seu proceder muitas vezes incompatível com sua imagem de "santo atemporal" (para usar uma expressão cara a Bredero), como por exemplo, no caso do conflito entre Luís VII e o Conde de Champagne ou de sua reconciliação com o arquiinimigo Rogério de Sicília, após o cisma de Anacleto. Sua intensa atividade manifestaria um inconfessado e não de todo consciente desejo de poder (esta é a intuição de Jean Leclerc), indevida nem sempre feliz intromissão em assuntos seculares, fanatismo (por exemplo, no combate aos que advogavam outros valores, como Gilberto de la Porré e Aberlado) e um certo caráter interesseiro no que diz respeito à expansão da Ordem Cisterciense e, em particular, de sua querida Claraval[109]. Por certo, muito do que se diz neste campo tem o caráter de hipóteses e deduções a serem confirmadas, ou sujeitadas a estudos mais alentados.

Parece digno de nota, porém, que a crítica a sua atuação data de sua existência histórica. A carta 48ª Haimeric é talvez o mais conhecido testemunho do fato de que sua atividade pública despertou reprovações, com base no argumento de que não lhe competia agir fora do âmbito monástico a que pertencia. Quanto a sua possível fraqueza humana há uma alusão insuspeita da parte do bispo cisterciense Oto de Freising, seu contemporâneo, a propósito de sua conduta na assembléia de Reims que devia julgar o bispo Gilberto de la Porré:

---

108. cf. *St. Bernard and the Historians, St. Bernard of Clairvaux, Studies Commemorating the eighth Centenary of his canonization*, Cistercian Studies Series, 28, Kalamazoo, 44 – 46 e 51.

109. cf. A. D. Bredero, *The Conflicting Interpretations of Saint Bernard of Clairvaux to the History of His own Time*, Cîteaux 31 (1980), 78 e *St. Bernard and the Historians*, cit.

"Quanto a saber se, neste negócio, o abade de Claraval, enquanto homem, não se deixou enganar pela debilidade da fraqueza humana, ou se o bispo, homem instruído e sábio, não procurou fugir a uma condenação, dissimulando seu propósito, não compete a nós julgar ou discutir[110]".

Contudo, a evidência de que Bernardo era uma pessoa muito acatada e solicitada como árbitro e conselheiro, quase um santo oráculo, é avassaladora. Vejamos alguns exemplos.

Em 1130 o arcebispo de Tours Hildeberto, movido por sua fama de santidade escreve-lhe, sem o conhecer, manifestando-lhe não só o altíssimo conceito em que o tem mas também sua crença em seu poder de intercessão e admiração por seu ascetismo. Considera-o um guia espiritual para a Igreja, pela palavra e pelo exemplo[111]. É um reconhecimento cabal de sua liderança, dado antes da projeção que alcançou com defesa de Inocêncio II[112]. Sua reputação é tão difundida que é consultado até em questões de menor relevância como no caso do abade premonstratense que pede conselhos sobre a penitência de um religioso[113]. A rainha de Jerusalém Melisandra pede-lhe também conselhos repetidas vezes[114], enquanto Matilde, rainha da Inglaterra, pensa dever seu filho a uma intervenção espiritual de Bernardo que se diz de algum modo pai da criança[115]. A opinião que manifesta sobre a festa da Imaculada Conceição – considerava-a uma inovação indevida – mostra-o no exercício dessa liderança junto dos cônegos de Lião[116]. Os exemplos poderiam multiplicar-se.

---

110. cit. em Jean Leclerc, *St. Bernard et l'Esprit Cistercian*, Paris, 1966, 71. 111. *carta* 122 da coleção de Bernardo.

111. carta 122 da coleção de Bernardo.

112. W. E. Goodrich, *art. cit.*, 170

113. *carta* 79.

114. *cartas* 206, 289, 354.

115. *carta* 315.

116. *carta* 174.

Mesmo se goza de uma autoridade moral e espiritual incontestável – talvez a maior prova tenha sido a sua designação para a chefia da 2ª Cruzada –, com a repercussão política que é sua conseqüência necessária em uma época como a sua, e é muito solicitado a agir, não se pode dizer que sempre tenha atuado por chamamento da autoridade ou por força da obediência. Muitas vezes a iniciativa foi inteiramente sua. Ademais, a franqueza de que usa no trato com reis, príncipes e grandes dignitários eclesiásticos, inclusive papas, só pode ter sido fundada na convicção íntima e implícita da própria autoridade e na consciência de um papel a cumprir na Igreja. Esta é a tese central de Goodrich que a vê apoiada não apenas no que é dito na *Vita Prima*, a seu ver um testemunho confiável para interpretar o verdadeiro Bernardo, mas também na evidência, mais indireta que direta, fornecida por seu epistolário.

Dada o originalidade e importância da posição de Goodrich, parece de todo conveniente reproduzi-la a seguir. Em essência, sua argumentação é a seguinte:

1. Bernardo nunca foi um simples monge e mesmo antes de ingressar em Cister exerceu uma atividade extraordinária, arrebanhando trinta companheiros e dirigindo-os como mestre a fim de prepará-los para uma nova vida; tudo isso revelaria o sentimento de uma vocação especial que unia o ascetismo e isolamento monástico a uma atividade carismática.

2. Sua missão consistia essencialmente no testemunho de uma vida reclusa mas incluía também a difusão da reforma monástica, a busca da conversão dos homens e a defesa da Igreja em perigo.

3. De fato, Guilherme de Saint-Thierry identificou em seu coração dois ardentes desejos que se contrapunham, o de viver oculto e humilhar-se e o de converter o mundo; assim, seus lamentos por estar fora não representariam todo o seu coração, ainda que pudessem ser sinceros (por exemplo, na carta 133 parece aceitar o fato de que Deus agia por seu intermédio), não se podendo esquecer, contudo, a freqüência com que aceitou ou admitiu agir.

4. Embora tenha entrado no mosteiro para fugir ao orgulho das realizações mundanas (e, em certo sentido, poder-se-ia dizer, ao mundanismo) não resistiu ao que percebeu ser o plano de Deus a seu respeito.

5. A prova de tudo isso é o tom cada vez mais autoritativo que assumiu em suas atividades externas, evoluindo de uma certa timidez (por exemplo, na carta 25, datada de 1128, recusou-se em princípio a ir ao encontro do legado apostólico Mateus, alegando que Deus o pôs no mosteiro para a vida de silêncio, embora acabe admitindo sair) para uma maior desenvoltura. Mais tarde, no apogeu de seu prestígio, sob Eugênio III, mostra-se muito mais ousado e não se desculpa por intervir em assuntos eclesiásticos, mas escreve em tom vigoroso, como nas cartas 328 ("... homens de grande corrupção... esforçam-se... por introduzir-se no Santo dos Santos... até quando suportareis isso com paciência..." e, mais adiante: ... "Importa pois, e muito, que confirmeis com vossa autoridade..."), 248 ("Não necessito de largos preâmbulos e circunlóquios para insinuar-me no ânimo de V. Santidade. Vou direto ao ponto e assim o faço."); ou, ainda, 268 ("Deixo para outros a timidez"... "No que me toca, tenho demasiadamente a peito o interesse de vossa glória para dizer-vos direta e simplesmente, sem rodeios, como se fôsseis um de meus iguais, o que deveis fazer"... "Não há outro caminho a seguir a não ser a revogação de vossa decisão".).

6. Na mesma linha dessa franqueza com o papado (poderiam ser citadas ainda exemplos referentes à época de Inocêncio II como as cartas 178 e 215) há sua coragem em invectivar reis (por exemplo, Luís VII na carta 266) e grandes prelados como o arcebispo de Sens, seu próprio metropolita como assinala Jean Leclerc[117], a quem reprova na carta 42 o fausto de sua vida, ou o bispo de Genebra, destinatário de uma repreensão por sua má conduta (... "A sede que ocupais, caríssimo, exige um homem de relevantes méritos e lamentamos que estes não se encontrem em vós[118]".).

7. Também testemunham a esse respeito suas inúmeras iniciativas não motivadas diretamente pela obediência, sobretudo sua ação contra heréticos e o intenso proselitismo em favor de Cister.

---

117. cf. *Opere di San Bernardo* VI / 1, cit., Introduzione, XXXIII –XXXIV.

118. *carta* 28, cf. tb. *carta* 27.

8. Conquanto na carta 48 (n° 2) fale ao cardeal Haimeric na obediência com o motivo para sua atuação e saída do claustro, em muitas outras cartas a razão é manifestamente outra, a caridade. A principal referência a esta encontra-se na carta 14, onde aparece o imperativo da *domina caritas* levando-o a agir (isto é, como diz na carta, faz com que supere o temor em dirigir-se ao papa Honório). Muito semelhantes são a carta 20 onde diz que "tudo o que é de Deus me interessa" e a carta 88, n° 2, em que afirma que a caridade o impele. Goodrich vê atestada nesta e em outras epístolas (por exemplo n°s 9,13,28,44,81, etc.) a sua motivação mais ampla para tantas intervenções e o exercício de uma crítica por vezes tão contundente, o que está de acordo com o princípio da correção paterna que emana do grande monumento da tradição cisterciense, a *Carta Caritatis*.

9. Enfim, seus contemporâneos, em grande maioria, consideraram-no um santo especial e não julgaram irreconciliáveis seus diferentes papéis como asceta, contemplativo, homem de ação ou simplesmente não se preocuparam com isso. Antes, tanto estes como Bernardo pareceram estar conscientes de sua missão na Igreja, o que não exclui o fato de que alguns tenham feito restrições a sua conduta, sobretudo as pessoas contrariadas por sua ação.

É necessário distinguir dois planos em todo ser humano, que é sempre capaz de ideais que o superam de muito e deve chocar-se com sua maior ou menor impotência em pô-los em prática. Os diversos protestos de Bernardo sobre sua motivação mais profunda não devem ser lidos como uma atestação irrecusável da perfeição em seu agir. No primeiro plano e na linha da caridade, pode-se encontrar o móvel de reforma da Igreja, a ser renovada por homens convertidos[119], e que é característico de sua época. A restauração da Igreja encontra-se muito bem definida nas cartas 238, a primeira que dirigiu ao papa Eugênio, e 42, onde, criticando os costumes mudamos de um alto prelado, o arcebispo de Sens, propõe um programa completo de reforma do clero, o que a fez ser intensamente copiada. Vale a pena citar um trecho daquela:

---

119. Jean Leclerc, *op. cit.*, 78.

"Quem me dera poder contemplar antes da minha morte a volta da Igreja aos belos tempos apostólicos, quando estendia as redes para apanhar almas e não para pescar riquezas de ouro e prata!"

Dependente do primeiro móvel há um segundo, o da reforma do monaquismo, igualmente característico de seu tempo, e seu zelo pela observância cisterciense. É significativo que a carta que abre o seu epistolário, tal qual o conhecemos, seja uma apologia desta, ao mesmo tempo que um ataque a Cluny. Bredero empresta muito relevo ao que está contido na carta 64, onde Bernardo chama Claraval de "Jerusalém Celeste" e afirma que o ingresso nesta abadia vale mais para a vida eterna que uma peregrinação à Terra Santa. O mesmo autor liga este elogio à afirmação de que, na descrição da entrada de Cristo em Jerusalém, os monges contemplativos são os que lhe estão mais próximos[120]. Há mesmo um criptograma no septuagésimo quarto *Sermão sobre o Cânticos dos Cânticos* (n° 5), alusivo à união com o Verbo, com o número de 159 sílabas que, em caracteres romanos, permite a transcrição CLIX, ou seja, uma abreviatura de *Claravallis*, valendo o X por S em latim. Ora, esta passagem representa um dos pontos de maior elevação espiritual em seus escritos, donde é lícito concluir que a vida cisterciense e em especial Claraval estavam ligadas a sua mais exaltada mística[121].

No plano da realização humana do ideal, Bernardo pode estar exposto a críticas – que, aliás, para serem justas, devem ser sempre bem fundamentadas – sobretudo quanto aos meios ou a forma pelos quais buscou suas metas. Certamente aqui entrou o que Oto de Freising chamou de "debilidade da humana fraqueza" e que em Bernardo poderia ser identificada com arrebatamento, paixão e um certo radicalismo. Entretanto, num balanço sobre a sua existência, pesaram mais outras virtudes como a humildade e ardente caridade que caracterizaram seu esforço em buscar a Deus. Foram ambas que fala-

---

120. cf. *Sermão para os Ramos*, II, 7 e *St. Bernard and the Historians*, *cit.*, 59.

121. A. H. Bredero, *ib.*

ram neste desabafo, referente às críticas por sua atuação na fracassada Segunda Cruzada, contido no Livro II, 4 sobre a Consideração:

> "Quanto a mim, pouco me importa ser julgado por aqueles que chamam bem ao mal e mal ao bem, que fazem da luz trevas e das trevas luz. Se é preciso que isto e aquilo aconteçam, prefiro ver os murmúrios dos homens elevar-se contra mim a subirem contra Deus. De boa vontade tomo sobre mim as reprovações e as blasfêmias para que não atinjam a Deus. Acho até bom que me use como seu escudo. Não recuso ser privado da glória desde que a glória de Deus permaneça intocada."

Pe. Luis Alberto Ruas Santos O. Cist.

III. Síntese da Doutrina Espiritual de São Bernardo

1. Introdução

Pertencendo ao período anterior à Escolástica, Bernardo não faz uso como esta de um instrumental racional e filosófico na exposição de seu pensamento. Sua reflexão teológica está dentro do modelo daquela elaborada pelos Padres da Igreja, grupo do qual é o derradeiro representante. Isto não significa que não tenha uma teologia ou rejeite a filosofia. Na verdade coloca-se contra a filosofia separada da fé e do amor de Deus e parece ter aplicado à sua reflexão uma boa parte do pensamento filosófico contemporâneo recebido sobretudo mediante a influência de dois de seus maiores amigos, Guilherme de Saint-Thierry e o bispo Guilherme de Champeaux, que, com toda certeza, podem ser contados entre os maiores eruditos de seu tempo. Sua contribuição aos principais aspectos da teologia dogmática ainda está por ser devidamente avaliada e analisada em maior profundidade, sobretudo no que diz respeito a temas como Deus, a salvação, a cristologia, ou o homem em sua ascensão espiritual desde a conversão até a união com Deus. Bernardo opera sobre a base de uma antropologia (ou visão teológica do homem) nova e original . Todavia tornou-se famoso como escritor místico, às vezes nem sempre bem compreendido. Seu comentário sobre o livro do *Cântico dos Cânticos* contém muito mais que evasões místicas, aliás muito discretas de sua parte. Bernardo é também muito conhecido por ser um autor mariano. Sua mariologia, contudo, ainda que elevada e inspirada por uma terna piedade para com a Mãe de Deus, não oferece nenhuma contribuição original e situa-se dentro dos limites da reflexão da época, o que não o impediu de ter escrito sobre o tema algumas de suas mais belas e famosas páginas. O próprio epíteto de "doutor melífluo" é objeto de um equívoco. Bernardo não é um autor de "doçuras" mas é alguém que, como as abelhas, sabe extrair paciente e laboriosamente o mel da Sagrada Escritura, abordada não com os métodos da exegese moderna mas na linha da tradição patrística dos quatro sentidos, literal, moral, alegórico e anagógico ou referente à consumação escatológica.

Não sendo possível nos deter nos demais aspectos da teologia de São Bernardo, o que seria bastante longo, procuraremos apresentar aqui sua visão a respeito do itinerário do homem pecador que, através do autoconhecimento e da humildade, sobe até o mais alto grau de união mística com Deus. Evidentemente não é tarefa simples oferecer uma síntese da doutrina espiritual de São Bernardo, seja porque sua obra é muito vasta, seja também porque suas idéias não foram apresentadas de forma sistemática e articulada, devendo ser colhidas ao longo de seus escritos. Isto não quer dizer que não ofereça uma doutrina consistente sobre a vida espiritual, ao contrário, seu pensamento é não só muito coerente e harmonioso como também bastante sólido em seu embasamento. Recentemente, um monge trapista belga, o Pe. Charles Dumont ocso, publicou o que talvez constitua o melhor trabalho sobre o assunto, que seguiremos de perto nesta seção.[122] Cabe advertir ainda que sua doutrina é proposta dentro do contexto da vida monástica e dirige-se ao monge como interlocutor privilegiado, o que não exclui que possa ser aplicada e de proveito a qualquer homem, pois parte de pressupostos antropológicos universais, isto é, válida para todos, e busca igualmente atender às mais profundas aspirações da alma humana.

---

122. cf. *Au chemin de la paix, La sagesse cistercienne selon Saint Bernard*, Pain de Cîteaux série 3, 13, Abbaye N.-D. du Lac, Oka, 1998.

2. Os temas da paz e da mútua procura da criatura e do Criador

O tema da procura mútua de Deus e do homem perpassa toda a obra de Bernardo. Nada parece tê-lo apaixonado mais que abordar essa história de amor. A paz virá como fruto do amor, do encontro da criatura com seu Criador, num perfeito e totalmente livre acordo de vontades, de tal modo que nada se interponha entre ambos. A vida espiritual, em particular a vida monástica, será então a busca persistente da harmonia entre a vontade divina e a humana, procurando o homem vencer em si sua vontade própria, que lhe é nociva enquanto o separa de Deus. Este é o grande tema da ascese cisterciense para São Bernardo. Não se trata de aniquilamento da vontade humana mas aquiescência soberanamente livre e cheia de amor à vontade de Deus para ter um só querer com Ele. Em um outro sentido, a paz é fruto da sabedoria – arte de saborear o verdadeiro –, mas da sabedoria do amor, que leva a criatura a se abrir ao dom de amor que lhe faz o Criador e que corresponde ao seu desejo (ou seja, a sua verdade) mais profundo. O acordo pleno das vontades é o perfeito amor.

Em um texto da última fase de sua vida, o sermão 84 (nº 1) sobre o *Cântico dos Cânticos*, Bernardo expressou ainda uma vez sua convicção a respeito desse ponto:

> "Procurar a Deus é o bem supremo. Primeiro entre todos os dons, é também o último progresso a ser feito. Que valor teria a vida de alguém que não procurasse a Deus? E que termo assinalar a uma tal procura?"

Todavia não há uma perfeita equivalência ou reciprocidade entre as duas procuras. Bernardo está perfeitamente consciente de que a procura do homem com relação a Deus é derivada da procura de Deus com relação ao homem, pois toda procura humana é inspirada por Deus e depende de sua graça:

> "Procura, Senhor, aquele que amas, para fazeres dele alguém que ama e procura[123]."

---

123. cf. *Sermão para a Assunção* 4, 2.

Diz ainda referindo-se a Deus::

> "O que é admirável é que ninguém pode procurar-Te sem antes Te ter encontrado. Queres ser encontrado para ser procurado e procurado para ser encontrado. Podes, é certo, ser procurado e encontrado, mas jamais alguém pode adiantar-se a Ti[124]."

É claro então que, para Bernardo, o amor de Deus tem absoluta precedência sobre o amor humano. Assim, o progresso espiritual do monge será crescer na consciência do fato de que, com relação a Deus, procura menos do que é procurado e encontra menos do que é encontrado. Embora tal procura do homem seja já o amor, isto é, desejo incessante na busca de seu objeto, e, assim, esteja dentro da psicologia humana do amor, supera de muito esse plano, pois seu fundamento é a graça derivada da Encarnação redentora que vem solicitar a liberdade, como que a convidando a aderir ao desejo de Deus. A vida do monge será inteiramente regida por essa procura que se identifica com a procura da paz. O mosteiro cisterciense, que para Bernardo e os cistercienses é uma escola da caridade, tem precisamente aí o seu programa. O ensinamento principal nela ministrado será uma sabedoria do amor.

3. Condições sob as quais se dá mútua procura de Deus e do homem

Para São Bernardo o fato fundamental a ser considerado no relacionamento entre Deus e o homem é que Deus o ama primeiro, gratuita e infinitamente. Porém toda procura do homem, que sente no mais íntimo de seu ser o dever de amar totalmente Aquele de quem tudo recebeu, seria vã se o encontro de amor entre a criatura e o Criador não fosse possível. Bernardo funda tal possibilidade recorrendo à doutrina patrística da imagem. De acordo com o livro do *Gênesis*, o homem foi criado à imagem e semelhança de Deus. A imagem reside no fato de

---

124. cf. *Tratado do Amor de Deus*, 7,22.

o homem ter recebido Dele uma vontade livre e a capacidade de se autodeterminar. De fato Deus é soberanamente livre em suas escolhas e comunicou ao homem este poder. Com o pecado original, contudo, o homem não perdeu sua verdadeira natureza e sua qualidade de imagem de Deus, mas esta ficou de algum modo deformada. A alma tornou-se desordenada em suas três faculdades: a razão não vê mais com clareza, a vontade é fraca e não escolhe o bem e a memória guarda as más lembranças do pecado. Da mesma forma, não conhece, não ama, nem recorda Deus. Há agora uma certa dessemelhança, pois não escolhe mais espontaneamente o bem. É possível contudo restabelecer a semelhança perdida graças a sua condição de imagem e seu poder de "ser como Deus", mas em sua dependência. Capaz de Deus por ser sua imagem, a alma pode retornar a sua condição original. Há uma afinidade básica entre estes dois pólos infinitamente distantes no âmbito da natureza e uma possibilidade de encontro através do amor, sendo o próprio Deus o Amor. Pois o amor é fruto da vontade livre que quer unir-se ao outro. Assim, embora a sublimidade de Deus seja um fator de afastamento, a semelhança da alma humana com a natureza divina constitui um fator mais forte de aproximação. A alma tudo pode ousar no amor mas não está em condições de se redimir a si mesma nem de buscar a Deus por suas próprias forças. Para elevar-se e encontrar o caminho do retorno para Deus, será necessário que a graça salve a liberdade e que esta consinta em ser salva. Por outras palavras, o homem deverá, sob a inspiração da graça, buscar a restauração da imagem divina nele impressa, renunciando a uma falsa liberdade exercida contra Deus e independentemente de sua aliança de amor. A vida monástica é concebida por Bernardo como um itinerário seguro nesse processo de restauração, pois a obediência preservará o monge do mau uso de sua liberdade.

De fato, a tragédia do gênero humano após a queda original tem, conforme Bernardo, três dimensões mas deriva da crise de sua liberdade. O pecado inicial é fundamentalmente resultado de um desvio da liberdade humana e, desde então, esta encontra-se como que sujeitada, fazendo com que o homem não conheça mais a verdade e seu amor fique extraviado. O problema da liberdade sujeitada reside no fato de que o homem pensou poder usar de seu livre-arbítrio contra Deus. Dotado por Ele do poder de agir com autonomia – Bernardo define o livre-arbítrio como a faculdade de escolher sem sofrer coação – o homem só é verdadeiramente livre quando exerce sua liberdade aderindo a Deus. Para responder ao seu amor, Deus o fez livre, uma vez que, sem liberdade, não existe uma verdadeira resposta de amor. Mas evidentemente a liberdade humana, recebida para permitir uma adesão espontânea a Deus, envolvia a possibilidade de dizer não à oferta de amor divina, embora o livre-arbítrio não seja a faculdade de escolher indiferentemente entre bem e mal, mas a possibilidade de, ao fazê-lo, não estar sujeito a nenhum constrangimento íntimo. Optando pelas criaturas, a liberdade humana distanciou-se de seu objeto próprio e original, o próprio Criador. O homem julgou poder ser livre sem referência ao autor de sua liberdade, agindo como se sua liberdade viesse de si mesmo e não fosse algo que lhe foi conferido por Deus como fundamento de sua dignidade de criatura espiritual feita à sua imagem. Ao afastar-se de Deus, a liberdade dobrou-se sobre si mesma – não é o drama do homem moderno julgar que sua liberdade é um fim em si mesma? – e o livre-arbítrio perdeu a simplicidade e unidade originais. O espírito caiu no orgulho de uma autonomia impossível, a liberdade tornou-se prisioneira de si própria e o amor desviou-se para outros objetos desproporcionais. O homem continua detentor do livre-arbítrio, mas faz livremente o que não quereria fazer, perdendo-se de si mesmo e vivendo assim um profundo dilaceramento interno que o faz sofrer e o torna "complicado", isto é, sem a simplicidade de quem está unificado no bem e em Deus como objeto proporcional de seu amor. A pretensão da liberdade sem referência a Deus é o orgulho radical, assim como atribuir a Deus toda sua dignidade de imagem, que consiste justamente em sua liberdade e no poder de sua vontade, é a humildade radical.

A falsa autonomia da liberdade é a grande mentira vivida pelo homem decaído. O segundo aspecto a ser redimido no homem é então o da verdade falseada. Ignorando a verdade sobre si mesmo, o homem cai, como foi dito, no orgulho, pensando ser fonte de sua própria dignidade, e projeta-se no vazio, pois ser livre não é poder fazer o que quer que seja, mas saber o que se deve amar e por que se ama.

É importante observar que Bernardo propõe, em seu *Tratado sobre os Graus da Humildade e da Soberba,* três graus de verdade que são também uma análise da mentira introduzida pelo orgulho no coração humano. Em sua teologia espiritual da conversão, há uma verdade original a ser descoberta que é radicalmente oposta à mentira fundamental, a pretensão de viver sem referência a Deus. Esta verdade comporta três graus. O primeiro diz respeito à verdade sobre si mesmo, quando o homem, avaliando-se com mais exatidão e sem ilusões, se descobre miserável e pecador. Aqui chega-se à humildade, que Bernardo define como aquele mais exato conhecimento de nós mesmos que nos torna vis a nossos próprios olhos. A humildade é obra de Cristo em nós que se une a nossa razão como um mestre e no-la ensina. Aprendemos a ser humildes olhando para Cristo que se propôs no Evangelho como exemplo dessa virtude. A partir desse mais claro conhecimento de si o homem adquire um conhecimento real e profundo do próximo, em quem adivinha a mesma debilidade. Assim o segundo grau é a verdade sobre o próximo que é a compaixão. Nestes dois primeiros graus o coração abre-se à caridade e pode ascender ao terceiro grau, a Verdade contemplada em si mesma, ou seja, a contemplação divina. O primeiro grau é fruto do Filho que ensina a verdade sobre o homem, o segundo é fruto do Espírito Santo que derrama o amor em nossos corações e nos leva à compaixão e o terceiro é atribuído ao Pai que atrai à plenitude da verdade, o conhecimento do amor divino.

    O conhecimento de si para Bernardo é o início da conversão. A verdadeira ciência é saber que nossa dignidade de seres livres é um dom de Deus. Conhecendo porém nosso ser verdadeiro, sua grandeza e sua miséria, poderemos recorrer a um Salvador, o que é precisamente a conversão. Para o monge, que põe todo empenho na própria salvação, a ignorância fundamental é a ignorância sobre si mesmo, assim como o conhecimento fundamental diz respeito à verdade sobre si mesmo, da qual se passa ao conhecimento de Deus:

> "Quanto a mim, diz São Bernardo, quando olho para mim mesmo, meus olhos ficam na tristeza, mas se levanto a cabeça e chamo com o olhar a ajuda divina, a amargura de me ver miserável é suavizada imediatamente pela alegria de ver a Deus... Não é pouca coisa fazer a experiência de um Deus que é bom e atende à prece..., pois é por uma tal experiência que se adquire um conhecimento salutar de Deus. O homem começará a se ver na necessidade e clamará a Deus e

este lhe responderá: *Eu te livrarei e haverás de louvar-me* (sl 49,15). É desta forma que o conhecimento de si mesmo é um degrau para o conhecimento de Deus, e em sua imagem renovada em ti Ele se fará ver de forma que, contemplando com segurança a glória do Senhor, tu serás transformado nesta mesma imagem de claridade em claridade pelo Espírito do Senhor (cf. 2Co 3,18)[125]."

Em uma outra passagem encontramos as mesmas idéias:

> "É nesta dupla atitude que se resume toda nossa vida espiritual: um olhar sobre nós mesmos que nos enche de uma perturbação e de uma tristeza salutares, um olhar para Deus que vai nos permitir recobrar o alento nele... Assim fazemos nascer em nós de um lado o temor e a humilhação, de outro a esperança e o amor[126]."

Enfim, o terceiro problema a ser enfrentado no itinerário de retorno a Deus da natureza sujeita ao pecado é o do amor extraviado. O homem não conhece e não ama a Deus, ama apenas a si mesmo, por causa de si mesmo e se perde no amor das criaturas que ilusoriamente julga poder trazer-lhe a felicidade. Essa experiência de desejo permanentemente insatisfeito e do amor humano colocado em coisas desproporcionais a sua capacidade de amar é algo que pode ser integrado na busca do homem e revela, ao ver de Bernardo, um desejo implícito de Deus. É necessário, contudo, que haja uma conversão do desejo e uma reorientação do amor humano para seu objeto próprio que é Deus. Este movimento de reorientação foi analisado por Bernardo que vê o espírito humano, subindo, ao sabor da graça, do amor de si mesmo por causa de si mesmo – primeiro grau de amor – ao amor de si por causa de Deus, no que consiste o quarto e último grau, dificilmente atingível (e só de forma fugaz) nesta vida. Entre estes dois graus estão dois outros intermediários. O segundo grau é o amor de Deus por causa de si mesmo, ou seja, porque a alma vê nisso uma vantagem.

---

125. *Sermão sobre o Cântico* 36, 6.

126. *Sermões Diversos* 5, 5.

É fruto da experiência da própria miséria que nos leva a clamar a Deus em busca de socorro (segundo grau). O amor de Deus por causa dele mesmo é o terceiro grau, quando, a partir da experiência repetida do auxílio e da misericórdia de Deus, cresce o amor da alma e passa a estimar a suavidade e a bondade divinas em si mesmas. Para Bernardo o amor é a paixão fundamental. O amor humano é integrado no amor sobrenatural que é fruto da graça, por isso se sobe do amor a si ao amor de Deus completamente purificado do egoísmo. É o próprio Deus que permite a tribulação para que seja buscado e reconhecido. Há uma lei na Trindade: o amor desinteressado. Como a caridade substancial que existe em Deus é a fonte do amor humano, sua redenção só se dará quando se converter a esta lei e se abrir ao outro no dom total e no esquecimento de si mesmo. Por isso mesmo o homem experimentará necessariamente a tristeza e a desolação enquanto rodar em torno de objetos pequenos para seu amor, até que se lance na busca do Bem Supremo. O desejo humano é sempre desejo implícito de Deus.

É interessante notar que a situação da criatura espiritual com relação a Deus que compreende o problema da liberdade, da verdade e do amor foi justamente o objeto dos três primeiros tratados de São Bernardo. A questão da liberdade do homem, fonte de sua dignidade, e sua articulação com a graça foi abordada no *Tratado sobre a Graça e o Livre-arbítrio*. No *Tratado sobre os graus da Humildade e da Soberba*, foi considerado o problema da verdade falseada. Enfim, no *Tratado sobre o Amor de Deus* foi proposta a virtude fundamental que é o amor, apresentado em seus graus ascendentes.

4. A mediação do Verbo Encarnado, sacramento do encontro entre o homem e Deus

A desordem da natureza humana, descrita nos três tratados referidos, ou seja a liberdade sujeitada, a verdade falseada e o amor extraviado, encontra no verbo Encarnado sua única possibilidade de redenção. A doutrina da imagem desempenha neste ponto do ensinamento de São Bernardo todo seu papel explicativo. Ela poderá ser restaurada a partir de sua forma original:

"O Advento não é uma vinda de quem já estava presente, é o aparecimento de quem permanecia oculto. Revestiu-se da condição humana para que, através dela, fosse possível conhecer o que habita em luz inacessível. Não desmerece a majestade divina aparecer naquela mesma semelhança sua – *Bernardo refere-se nessa passagem à natureza humana como imagem do Verbo* – que havia criado desde o princípio. Tampouco é indigno de Deus manifestar-se em sua própria imagem àqueles pelos quais não poderia ser conhecido em sua substância. O que criou o homem à sua imagem e semelhança fez-se homem para dar-se a conhecer aos homens[127]."

Cristo vem em busca da criatura justamente onde se encontra prostrada, oferecendo-se a si mesmo como cura para seus males de maneira a libertar sua liberdade, esclarecer seu conhecimento com a verdadeira ciência – a humildade – e elevar seu amor a seu objeto próprio. Assim poderá – e só Ele será capaz de fazê-lo – devolver a beleza à imagem tornada menos nítida desde a queda. O caminho será recuperar a forma ou a imagem em seu estado de pureza original mediante a conformação ao Verbo Encarnado, imagem perfeita do Pai e modelo à imagem do qual foi criada a natureza humana. Cristo é a imagem não só a partir da qual tudo foi feito mas também tudo será refeito. Daí a importância dos conceitos de forma, reforma e conformação para Bernardo:

"Veio, assim, a forma [*o Verbo Encarnado*] à qual devia conformar-se o livre-arbítrio, pois a forma primeira só poderia ser recuperada se fosse reformada por quem a havia formado[128]."

Como foi por um ato da vontade livre que o homem afastou-se de Deus para pertencer a si mesmo, sua restauração deve passar necessariamente pela libertação de sua liberdade através do Cristo, sacramento do encontro entre Deus e o homem, entre a graça divina e a liberdade humana. Jamais o homem poderia apenas por suas próprias forças sair desse aprisionamento. Só Cristo, plenamente livre do pecado e da mi-

---

127. 3º *Sermão para o Advento*, 1.

128. *Tratado sobre a Graça e o Livre Arbítrio*, 33.

séria, pode realizar essa obra, devolvendo à liberdade sua espontaneidade original e liberando o livre-arbítrio dos entraves do pecado, das limitações e fraquezas da condição humana, de tal modo que a graça seja capaz de articular-se com a vontade do homem para que seja salva num ato totalmente livre de adesão a Deus. A liberdade humana recobra assim sua beleza e sua forma.

A cura da verdade falseada vem pela verdadeira ciência que é a humildade. Deus não abandonou o homem em seu erro, pois a alma é incapaz de retomar a orientação para Deus por suas próprias forças. Aos que vê afastados longe da verdade oferece a lei da humildade. O papel de Cristo aqui é evidente. Tomando a forma de servo ao assumir a natureza humana, quis ter a experiência da humildade para comunicá-la ao homem. Encontra-se com o homem no nível mais baixo que é o de sua verdade e sua miséria. Para salvá-lo experimentou sua miséria e praticou a compaixão, abrindo a via da ascensão para a natureza decaída. A via é a humildade, que conduz à verdade:

> "Se o imitas, não andarás nas trevas, mas terás a luz da vida. E que é essa luz da vida senão a verdade que, iluminando todo homem que vem a este mundo, mostra-lhe onde se encontra a verdadeira vida[129]?"

Assim a verdade sobre si mesmo, a humildade, leva à compaixão, verdade sobre o próximo. Não se trata apenas de condescendência mas da capacidade de sofrer com o outro, num testemunho de amor que torna iguais os que se amam. Chega-se assim à verdade total do amor que é o próprio Deus.

Após compreender que a liberdade é um dom e que o orgulho é aquela mentira radical, o homem torna-se disponível à graça e o amor restaurado pode voltar-se para Cristo. Ele mesmo toca a alma, para que dê esse passo:

---

129. *Tratado sobre os Graus da Humildade*, I,1.

> "Ao contrário, os que crêem sabem perfeitamente quanto lhes é absolutamente necessário ter Jesus e Jesus crucificado. Nele admiram e abraçam a caridade que ultrapassa toda ciência e se enchem de vergonha por não dar em troca de tanto amor e benefícios ao menos sua própria pequenez. Para o que se sente mais amado é fácil amar mais...[130]"

Diz ainda Bernardo:

> "Em sua primeira obra [*a criação*], deu-me a mim, na segunda deu-se a mim: dando-se devolveu-me a mim mesmo. Dando-me o ser e mo devolvendo, devo-me a Ele por mim, e devo-me duas vezes. Mas que poderei oferecer a Deus como paga por mim mesmo[131]?"

O Verbo Encarnado é o lugar de encontro não só entre as naturezas humana e divina de Cristo mas também entre o homem e Deus. Deus tornou-se acessível ao homem mediante uma sábia pedagogia: permitir que chegasse à sua natureza divina, através da sua natureza humana. Quis assim adaptar-se à nossa estatura. Para Bernardo o motivo mais evidente da Encarnação, é o fato de que, para fazer-se amar, Deus devia tornar-se homem como nós. Deste modo, a busca do Verbo vai conformar-se às suas duas naturezas, começa-se pelo amor ou devoção sensível, em que a imaginação tem um grande papel e passa-se ao amor ou união espiritual. Bernardo afirma que Deus deseja levar os que são carne ao amor espiritual mediante o amor encarnado. Amor carnal tem aqui o sentido de sensível, preso ao concreto e palpável de sua doce humanidade (não se trata obviamente de amor físico). Eis alguns textos:

> "Observa que, de uma certa forma, o amor do coração é carnal, porque o coração humano deixa-se sensibilizar mais pela carne de Cristo e por tudo aquilo que em seu corpo de carne o Cristo fez e ordenou. Aquele que está penetrado deste amor, comove-se facil-

---

130. *Tratado do Amor de Deus*, 3, 7.

131. *Ib.* 5, 15.

mente ante tudo que se refere ao Cristo carnal. Nada escuta com mais boa vontade, nada lê com mais atenção, nada repassa com mais freqüência na memória, nada medita com mais doçura... Diante de seus olhos, enquanto reza, acha-se a imagem sagrada do homem-Deus nascendo e sendo amamentado, pregando, morrendo, ressuscitando ou subindo ao céu[132]."

"Quanto a mim, creio que a principal razão pela qual o Deus invisível quis ser visto na carne e ser homem entre os homens, foi antes de tudo atrair ao amor salutar de sua própria carne todas as afeições dos homens carnais que só podem amar dessa maneira e, desta forma, conduzi-los gradualmente ao amor espiritual[133]."

A Encarnação permitirá também sua presença na memória, seja através da liturgia, seja pela meditação das Escrituras, porque criou uma proximidade de Jesus com o coração humano. Esta forma de presença acende o desejo de uma outra, definitiva, real e escatológica.

Enfim a mediação do Verbo Encarnado para o encontro com a divindade não exclui outras derivadas no Corpo Místico que são principalmente a Igreja, Maria, os anjos e os santos.

5. A passagem do amor sensível ao amor espiritual: do Verbo-Carne ao Verbo-Santidade

O amor carnal de Cristo é não apenas bom mas necessário e supõe já a ação do Espírito na alma. Não é possível começar a amar Cristo a não ser deste modo. Entretanto este amor deve ser superado por um mais perfeito, o amor espiritual. Para Bernardo o mistério da Ascensão exprime bem essa passagem. Deixando de estar presente corporalmente neste mundo, Cristo nos convida a uma outra forma de amor: não mais o doce Verbo-Carne, objeto de nosso amor carnal, mas ago-

---

132. *Sermão sobre o Cântico* 20, 6.

133. *Ib.*

ra o Verbo-Santidade, objeto de um amor espiritual que se traduz numa adesão incondicional à sua vontade, verdade e santidade, numa atitude de profunda conversão e crescimento nas virtudes de que é o modelo. Trata-se de ir além da afetividade e assumir uma ligação mais forte com Cristo no plano moral ou do agir. Essa passagem é apresentada também como um progresso em nossa conformação ao Verbo-Santidade, recuperando em nós sua forma e, por isso, restaurando sua imagem em nós. Na verdade o amor carnal nunca deixará de existir, pois nossa natureza carnal tem dele necessidade, mas é possível ascender a uma forma mais elevada de amor:

> "Também indicava-lhes um nível mais elevado de amor quando lhes disse: *Só o Espírito dá vida, a carne para nada serve* (Jo 6,64). A este nível penso que chegou aquele que dizia: *Ainda que antes tenhamos conhecido o Cristo segundo a carne, agora já não o conhecemos mais assim* (2Cor 5,16)[134]."

Um tal progresso é purificação da vontade, tornada possível pelo mistério da Ascensão:

> "Queria dar-nos um caminho a percorrer, um molde que nos moldasse. Deixou-os chorando e subiu ao céu. E enviou o Espírito Santo que purificou seu afeto, quer dizer, sua vontade, e a transformou de tal modo que os que antes queriam retê-lo junto a si agora se alegravam com sua partida. Tornou-se realidade o que lhes havia dito: *ficareis tristes mas depois vossa tristeza se mudará em alegria* (Jo 16,20). Tanto iluminava Cristo sua inteligência e tanto purificava o Espírito sua vontade que conheciam o bem e o amavam de coração. Aí está a religião perfeita e a perfeição religiosa[135]."

Já foi visto anteriormente que, para Bernardo, o amor consiste no acordo de vontades. O amor será tanto mais elevado e mais forte quanto mais sólida for a comunhão da vontade humana com a divina.

---

134. *Ib.*, 7.

135. *Sermão para a Ascensão* 3, 4.

O caminho a percorrer para a restauração da imagem de Deus em nós é uma contínua busca de conformação da vontade humana à divina. O processo de conversão tem início com a humildade ou descoberta de nossa dependência e referência essencial a Deus e prossegue com as outras etapas descritas, supondo-se sempre em seu desenvolvimento o papel da mediação de Cristo. A consumação desse processo dar-se-á com a união de vontades, através do consentimento, de modo a que o homem se torne um com Deus. Na Trindade a união dá-se pela consubstancialidade, mas no que se refere à natureza humana há necessidade do consentimento livre e amoroso. O quarto grau de amor, em que a criatura se ama a si mesma por causa de Deus exprime bem seu total acordo com Ele.

O livro do *Cântico dos Cânticos* que Bernardo comentou em 86 sermões não é senão o poema que exprime uma tal união:

> "Não é um som proferido pela boca, mas um júbilo do coração; não uma inflexão dos lábios, mas uma cascata de gozos; não uma harmonia resultante das vozes mas das vontades. Não se escuta fora, nem ressoa em público. Só a escuta o que canta e aquele a quem é dedicada, quer dizer, o esposo e a esposa. É simplesmente um epitalâmio, que canta os abraços virginais entre espíritos, a unidade de vidas, o afeto e o amor da mútua identificação[136]."

Na mesma linha, estar com o Senhor é unir-se à sua vontade:

> "Entendamos que, enquanto vivermos neste corpo, podemos estar com o Senhor, isto é, aderimos a seu querer. Mas Ele não está conosco para consentir ao nosso desejo. Queremos ser já livres, aspiramos a morrer, desejamos sair. Mas o Senhor tem motivos para demorar. *Amanhã saireis, e o Senhor estará sempre conosco* (2Cor 20,17) e então há de querer tudo que quisermos e em nada discordará de nossa vontade[137]."

---

136. *Sermão sobre o Cântico 1, 11.*

137. *Sermão para a Vigília do Natal 12.3.*

O fim de toda busca é a consumada união das vontades. Talvez esta maneira de conceber o amor possa dar a impressão de frieza e voluntarismo. Nada, porém, mais distante do pensamento de Bernardo. Ninguém como ele tornou a busca de Deus tão pessoal e tão bem soube integrar nela o desejo humano. Toda a afetividade humana participa dela, porém não predomina nem representa a última palavra na procura da união com Deus. Há em Bernardo, conforme a expressão do Pe. Charles Dumont, um moralismo místico. O único meio de nos unirmos a Deus é o amor, mas este só se torna efetivo quando a vontade humana realmente busca com todas as forças coincidir com a divina. Isso ocorrerá no plano do agir, da moral, daí ser a vida mística ou de união com Deus indissoluvelmente ligada à ascese e a busca de nossa profunda conversão a Deus. O amor será então sólido e verdadeiro e constituirá uma adequada resposta a Deus:

> "O amor é o único entre todos os movimentos, sentimentos e afeições da alma pelo qual a criatura pode responder a seu Autor, não com plena igualdade mas de uma maneira bastante semelhante[138]."

A busca da união de vontades com Deus é o fio condutor da teologia monástica de São Bernardo. O monge deve percorrer um itinerário que o leva da vontade própria, enquanto contrária ao querer de Deus, à vontade comum ou comunhão plena com a vontade divina. A busca desse fim funda e justifica toda ascese monástica e as observâncias do mosteiro cisterciense. Estas são o meio concreto de o monge provar e exercer seu amor por Deus a quem deseja obedecer em tudo. Submetendo-se às praticas monásticas corporais (vigílias, jejuns, silêncio, salmodia, trabalho manual) e espirituais, sobretudo à obediência, a vontade do monge vai progressiva e quase insensivelmente sendo moldada através da renúncia ao próprio querer e conformando-se à divina, numa contínua doação, pois tudo é vivido na

---

138. *Sermão sobre o Cântico* 83, 3.

perspectiva da união com Deus. Este processo de desapropriação não é na verdade uma negação da vontade mas antes sua afirmação pois é ela que decide livremente obedecer e abraçar as observâncias. Trata-se de uma via segura que impede o monge de cair nos desvios da vontade própria que o afastaria de Deus, porque toda sua vida ficará sujeita ao ritmo que lhe é imposto pela obediência e demais exercícios da comunidade monástica, em que identifica a vontade de Deus a seu respeito. Assim, embora não escolha, por exemplo, o que come, onde dorme, o que veste ou o tipo de atividade que exercerá no mosteiro, fez a escolha maior (que envolve estas outras) de doar-se a Deus nesse tipo de existência. Nesse caminho Cristo é o seu mestre, principalmente na obediência, humildade e caridade. O coração se purifica e adquire-se uma caridade ativa e operosa. O fim da obediência e das observâncias monásticas, quaisquer que sejam, é o amor.

6. Conclusão: a busca da paz sem fim

Ao término desse percurso espiritual, o monge terá galgado os três primeiros graus de amor, numa busca constante de configuração a Cristo e da restauração de sua imagem em seu ser. A união que se pode ter com Deus nesta vida tem sempre um quê de imperfeito, já que a perfeita consumação pertence à eternidade. Da mesma forma, a paz perfeita, fruto da perfeita união e da perfeita configuração, pertence à escatologia. Por isso, Bernardo fala numa tensão escatológica que é o desejo da paz e de Deus – pois buscar a paz é buscar a Deus – sem as limitações e oscilações da vida presente:

> "Porém quando falo em ter a vontade em suspenso ou submetida à vontade divina, não me refiro aos impulsos da concupiscência ou da sensibilidade. Isto é impossível enquanto a alma esteja detida neste corpo de pecado e de morte. Que é a vida eterna senão seguir sempre e com todos os nossos afetos a vontade divina? O que devemos submeter à vontade divina é nosso consentimento, se queremos alcançar a paz eterna e possuir já agora essa paz que se nos oferece: *Dou-vos a minha paz, minha paz vos deixo* (Jo 14,27). De fato, não sois ainda capazes de minha paz que supera toda inteli-

gência e que é paz acima de toda paz. O que vos dou, contudo, é a pátria da paz, o que vos deixo no momento é o caminho da paz[139]."

Mas a paz que Bernardo propõe como meta da vida espiritual não tem nada de uma tranqüilidade que se persegue com egoísmo. É o amor que inspira toda a vida ascética e é uma caridade ativa que sustenta o esforço espiritual. Este proporciona uma certa paz, pois a procura amorosa de Deus é já, em alguma medida, um encontro:

"Só Deus não pode ser procurado em vão, mesmo se não pode ser encontrado[140]."

Deus permanece sempre o objeto presente de um desejo que acompanha toda a existência humana. Por isso a procura Dele é para Bernardo o primeiro dos dons, o melhor, sem que haja um termo para ela:

"Nós nos propusemos procurar Aquele que até agora imperfeitamente descobrimos e que jamais poderemos buscar em demasia. Mas talvez a oração seja mais conveniente para isso e de um emprego mais eficaz que a análise. Terminemos pois aqui este livro mas não nossa busca[141]."

---

139. *Sermões Diversos* 26, 4.

140. *Da Consideração*, V, 11, 24.

141. *Ib.* V, 14, 32.

IV. Atualidade de São Bernardo e dos Cistercienses

Sem receio de cair numa ingênua visão milenarista, atribuindo fatalismo a um dado meramente cronológico, o fim do segundo milênio e início do terceiro, pode-se afirmar que há evidências de que estamos na encruzilhada de duas épocas. Esta parece ser a opinião prevalente dos cientistas sociais. O historiador Francis Fukuyama cunhou a expressão "Grande Ruptura" para designar a evolução ocorrida nas últimas décadas, pois, em sua opinião, o que caracterizou a história social do período foi um aceleradíssimo processo de ruptura com padrões de conduta e valores morais e sociais até então hegemônicos. No Ocidente esta evolução deu origem à sociedade pós-cristã. Um dos vetores da nova ordem é um excessivo individualismo, que pode ser definido de forma simples como a busca primordial do próprio interesse, alheia a considerações de cunho moral ou utilidade social ou ainda relativas ao bem comum. De fato, o sistema econômico capitalista, aliado a uma postura de liberalismo político, permite que os indivíduos possam perseguir seus interesses próprios de longo prazo. Neste sistema não se requer que as pessoas sejam em especial virtuosas, mas apenas racionais no seguimento da lei em seu próprio interesse[142]. A legítima tolerância transforma-se em relativismo moral e, no limite, amoralismo e ceticismo. A sociedade torna-se altamente pragmática e toda pretensão à verdade

---

142. Este tema da "Grande Ruptura" e do individualismo contemporâneo foi abordado por Fukuyama em recente trabalho de sua autoria, publicado na edição de 30 de maio de 1999 do jornal *O Estado de S. Paulo*.

tende a ser vista como uma forma de fundamentalismo. Com a degeneração já bastante avançada do tecido social, causada pela brusca dissolução dos valores, a sociedade torna-se violenta. Esta é palpável não tanto no plano físico e explícito, embora este tipo de violência ocorra em medida cada vez maior, mas sobretudo em uma cultura de massa agressiva em que as diversas dimensões que atingem ou influenciam a existência do homem, tais como o entretenimento, a música, a arquitetura, o sistema de transporte ou a publicidade são violentos porque desumanos, ou seja, não respeitam o homem em sua dimensão integral de ser espiritual e aberto à transcendência, à verdade, ao belo e aos valores. Na ausência de preocupações que superem o interesse individual e imediato, abriu-se a porta para o consumismo e o hedonismo, a busca do prazer e satisfação a qualquer preço que, por sua vez, compatibilizam-se muito bem com a lógica do ótimo econômico que arrasta tudo atrás de si. Num outro plano, atua o imenso poder dos meios de comunicação social que criou a cultura de massas e as decorrentes massificação – a subcultura do pensamento único – e vulgarização, onde tudo é superficial e o belo e o verdadeiro são "coisificados" e banalizados como objetos de consumo. A união de todas estas tendências tem levado à despersonalização crescente do ser humano, transformado apenas em indivíduo preocupado com seus interesses. À falta de uma vida interior própria com reflexão e adesão livre a valores, o homem passa a viver de emoções coletivas plantadas pela mídia, abdicando de sua personalidade própria e única e, portanto, de sua sagrada dignidade.

Uma outra conseqüência deste quadro dramático é um certo desejo de experiência religiosa e de mística que atinge a muitos na sociedade pós-cristã. Sem a solidez da fé cristã, muitos buscam apoio e uma referência transcendente em práticas religiosas de todos os tipos, pois o mundo em transformação parece-lhes ameaçador. As seitas de diversas origens colhem os espíritos mais fracos que sentem necessidade de uma organização forte e de seu caráter ideologicamente aguerrido para lhes proporcionar segurança num meio ambiente agressivo e hostil. No supermercado da fé, como já se disse, existem as mais variadas promessas messiânicas ou propostas de felicidade e realização pessoal, desde o *New Age* até os cultos satânicos, sem mencionar o que alguns denominam "as novas religiões comerciais".

Dentro deste quadro preocupante, a espiritualidade cisterciense, incluindo sobretudo a elaborada por São Bernardo, adquire uma grande importância. Sua originalidade e particular aptidão para cativar o espírito humano em sua dimensão mais íntima, devolvendo-o a si mesmo mediante seu encontro pessoal com o Cristo, é certamente capaz de subtrair o homem contemporâneo à influência destrutiva da maré montante da despersonalização e da massificação e vulgarização que a produzem. Para P.-Y. Émery ela consiste sobretudo no apelo à conversão da subjetividade, das forças afetivas, da sensibilidade e do desejo[143]. De fato, São Bernardo e os cistercienses tornaram a busca de Deus mais pessoal. Precisamente por isso é que a espiritualidade monástica beneditina atingiu seu ponto mais alto em Bernardo e na escola cisterciense, como sugere G. Penco[144]. Ademais, num mundo em que o forte individualismo fecha os homens no âmbito pequeno de seus próprios interesses e impede que se desenvolvam como pessoas, isto é, núcleos de uma subjetividade rica e irrepetível, capazes de liberdade e autodeterminação e que se abrem a escolhas livres e a todas as possibilidades do diálogo e do amor, o ensinamento de São Bernardo a respeito do relacionamento com Deus como um Tu que me solicita e a quem posso responder como a uma pessoa que me é semelhante, ainda que infinitamente transcendente, torna-se mais atual do que nunca. Em lugar das novidades duvidosas do "supermercado da fé", a procura de Deus e a restauração de sua imagem em nós, como caminho para a verdadeira paz no amor consumado poderia ser a verdadeira resposta para estes tempos de procura espiritual tantas vezes desorientada e frustrada por desilusões. Ir ao encontro de Deus em Cristo, através da união das vontades, não é um modismo mas uma via espiritual segura, com a solidez do Evangelho que nos propõe o mesmo Cristo como caminho, verdade e vida.

---

143. cf. *Introduction aux Sermons pour l'année*, Turnhout, 1990, 11.

144. cf. *Spiritualità Monastica*, Abbazia di Praglia, 1988, 93.

Pe. Luis Alberto Ruas Santos O. Cist.

V. São Bernardo e a Produção Artística dos Cistercienses

1. Introdução

A Ordem Cisterciense produziu uma espiritualidade abrangente, talvez a mais abrangente da história do Ocidente Cristão, com manifestações na teologia, na ascese e na mística, na economia, no domínio das técnicas produtivas e na arte, sobretudo na arquitetura, mas também na pintura, escultura, na música e no canto. Não que todas essas contribuições tenham constituído uma originalidade absoluta. Sabe-se que a reforma cisterciense é tributária da tradição monástica anterior, dos movimentos de renovação estimulados pela reforma gregoriana e recebeu influências diversas em todos os campos em que se expressou. Contudo, mesmo olhando os cistercienses dentro do quadro histórico-cultural em que surgiram e se desenvolveram, não há como conter a admiração diante da consistência e solidez da síntese que souberam construir.

A Ordem acolheu desde o início homens brilhantes e de grande profundidade espiritual que se tornaram responsáveis pela elaboração e formulação dessa espiritualidade tão rica em realizações. Nenhum deles, porém, teve uma atuação tão significativa quanto São Bernardo de Claraval, uma das maiores figuras da história da Igreja e certamente uma personalidade genial. A grande causa de sua vida foi a reforma monástica. É a partir dessa motivação que se pode compreender muito de sua atuação. É a partir dela também que se pode falar no que se convencionou chamar de arte cisterciense mas que se refere sobretudo a uma certa orientação estética que predominou principalmente no século XII. Por outras palavras, a produção artística de Cister nesse período refletiu as concepções e tendências do novo monaquismo defendido por São Bernardo e outros cistercienses como Guilherme de Staint-Thierry e Elredo de Rievaulx, fundamentalmente em continuidade, por certo, com as idéias dos fundadores do Novo Mosteiro. O resultado foi uma escola com grande coerência entre projeto e manifestação artística[145] e notável uniformidade, sem paralelo na história de outras ordens ou famílias religiosas[146].

Já se observou que essa arte cisterciense define-se menos pela inovação no âmbito das estruturas, formas e planos do que pelo espírito que determina a aplicação desses elementos[147]. Sua grande característica foi a simplicidade, uma simplicidade ascética, e o despojamento, levados quase ao extremo. Pela primeira vez na história do cristianismo, colocou-se o problema da renúncia, exigida pelo radicalismo evangélico, no domínio da arte. Jamais se havia questionado a legitimidade das obras de arte, pintura, esculturas, vitrais e detalhes ornamentais a serviço do culto ou da decoração do templo sacro. São Bernardo e os cistercienses tiveram a ousadia de fazê-lo e com isso romperam com uma longa e aceita tradição[148].

Os cistercienses não buscaram a arte pela arte, nem mesmo tiveram a pretensão de produzir obras de arte. É por isso que sua mais importante manifestação nesse campo está intimamente ligada ao ideal religioso. Trata-se da arquitetura de suas igrejas e de seus mosteiros. Nas décadas que transcorreram entre 1130 e o fim do século XII, foram construídas as principais obras da arquitetura cisterciense. De fato, antes de 1130, os mosteiros tinham apenas oratórios pequenos e extre-

---

145. *cf.* J. B. Auberge, *La Legislation Cisterciense Primitive et sa Relecture_Claravalienne, en Bernard de Clairvaux, Histoire, Mentalité, Spiritualité*, (Sources Chrétiennes 380), Paris, 1992, 133.

146. cf. L. Lekai, *Los Cistercienses, Ideales y Realidad*, Barcelona, 1987, 345-6.

147. cf. A. Surchamp, *L'Esprit de l'Art Cistercien*, em L'Art Cistercien, Paris, 1962, 22

148. *ib.*, 23.

mamente simples que refletiam os inícios modestos da Ordem. A partir dessa época, impulsionados pelo crescente recrutamento, começaram a surgir as edificações que deram origem a um estilo considerado tipicamente cisterciense. Ao final do século XII, com o enriquecimento dos mosteiros, pouco a pouco foi-se abandonando suas notas mais características em favor de novas concepções arquitetônicas, com freqüentes reformas e ampliações. É importante lembrar aqui que o referido conceito corrente de arte e arquitetura cisterciense tem um caráter seletivo, pois privilegia as construções e a produção artística de um certo período – a idade de ouro da Ordem – e um certo tipo de concepção que muito deve a São Bernardo mas que logo deixará de prevalecer e, na verdade, nunca chegou a se impor de forma absoluta.

Não se limitaram porém à arquitetura suas produções artísticas. Houve também a decoração dos manuscritos com iluminuras e iniciais desenhadas, o canto litúrgico, além da escultura, restrita a detalhes decorativos, e a composição de vitrais, extremamente sóbrios e monocromáticos, de que se têm hoje raros testemunhos, todas marcadas pela mesma simplicidade cisterciense, exceção feita às iluminuras dos primeiros tempos.

É todo esse conjunto, extremamente belo apesar e em razão de seu grande despojamento, que será apresentado neste capítulo que abordará a questão dos princípios teóricos que orientaram a criação artística dos cistercienses e os textos fundamentais para a compreensão de sua estética. Em segundo lugar, serão descritas as características gerais do canto litúrgico da Ordem, oriundo de uma reforma já velha de quase nove séculos. Essa viagem pelo patrimônio cultural cisterciense certamente permitirá captar com maior acuidade não só sua beleza mas sobretudo sua mensagem espiritual.

2. Princípios que orientaram a produção artística dos cistercienses. Exame de alguns textos.

O desejo de simplicidade e autenticidade, com exclusão de todo o supérfluo, marcou desde o início a Ordem Cisterciense. O rigor cisterciense abrangerá todos os domínios, desde o cotidiano (vestimentas, alimentação) ao sacral (canto, objetos litúrgicos, ornamentação do templo)[149]. As diversas restrições, antes mencionadas, contidas no capítulo XVII do *Exórdio Parvo* e relativas ao culto e às igrejas são um primeiro testemunho desse desejo. Santo Estêvão, sob cujo governo foram tomadas essas decisões, mostrou-se firme no que toca à arquitetura, ao canto e ao material litúrgico, pois considerava que o despojamento é necessário para reencontrar a tradição original[150]. A primeira geração cisterciense vê também o despojamento em função de sua busca de interioridade[151]. Num campo, porém, esse princípio é menos enfatizado. As iluminuras produzidas no *scriptorium* de Cister estão entre as obras de arte mais importantes do período no gênero. Elaboradas com grande sofisticação e cheias de vivacidade, foram consideradas um dos tesouros primordiais da Europa[152].

Em continuidade com a primeira geração e Santo Esteêvão, mas levando mais longe seus princípios ou tirando deles todas as conseqüências, São Bernardo acabará por impor à Ordem suas concepções mais radicais em matéria de arte. Duas importantes decisões do Capítulo Geral, constantes da coleção dita "de 1134", são ilustrativas dessa evolução:

Estatuto XX

"As letras (*a referência aqui é para as iniciais*) sejam de uma só cor e não pintadas. Os vidros sejam brancos, sem cruzes ou pinturas."

Estatuto LXXX

"Proibimos que se façam esculturas ou pinturas em nossas igrejas ou em outros locais do mosteiro porque, enquanto se olha para elas, negligencia-se freqüentemente a utilidade de uma boa meditação e a disciplina da gravidade religiosa."

---

149. cf. J. B. Auberger, *op.cit.*, 285.

150. ib., 319.

151. ib., 232.

152. cf. C. Oursel, *Miniatures Cisterciennes*, citado em L. Lekai, *op. cit.*, 343.

A primeira disposição tem datação incerta, podendo talvez remontar ao abaciado de Santo Estêvão. Quanto à segunda, manifestamente contrária à atividade do *scriptorium* de Cister promovida por ele, parece ser de uma fase posterior à sua morte. Em ambas os estudiosos vêem uma nítida inspiração bernardina. De fato, São Bernardo, por suas preocupações espirituais e não por diletantismo, será o grande teórico e formulador dos princípios que deram origem à arte e à arquitetura geralmente considerada como tipicamente cistercienses. Para compreendê-las é necessário mergulhar em seus escritos e descobrir suas concepções fundamentais.

À base de sua doutrina sobre a arte está sua antropologia teológica, ou seja, sua visão do homem iluminada pela fé e a Revelação. Seguindo de perto a síntese oferecida por A. Dimier[153], vão aqui expostas suas grandes linhas.

Bernardo é um herdeiro do neoplatonismo via Agostinho. Professa portanto que a alma só pode conhecer a Deus dobrando-se sobre si mesma, o que exige separação das coisas exteriores. Para Bernardo uma única ciência tem relevância, a da salvação[154]. Ora, esta passa pela introspecção e o exame de si mesmo. Só assim o homem pode ir ao encontro de Deus e obter pela graça o restabelecimento da imagem divina e da unidade interior destruída pelo pecado. O drama é que o homem decaído não compreende sua dignidade que é toda interior – possui pelo livre-arbítrio a imagem divina – e vive da vida dos sentidos como os animais sem razão (alusão ao salmo 48, 13 e 21). É por isso que o primeiro grau do orgulho, no *Tratado dos Graus da Humildade*, é justamente a curiosidade, pela qual a alma, não encontrando nem ordem nem repouso dentro de si, em razão de sua desagregação, esquece-se de si mesma e procura distrair-se no exterior[155]. O *Tratado do Amor de Deus* retoma essa mesma idéia, a propósito de um versículo do livro do

---

153. cf. *Saint Bernard et L'Art,* Mélanges Anselme Dimier, 2/II, Pupillin, 1987, 681ss.

154. *Da Consideração,* II, c. 3, 6.

155. *Tratado sobre os Graus da Humildade,* X, 28.

Cântico dos Cânticos[156]: a alma ignora sua dignidade e se espalha no exterior junto às coisas sensíveis, tornando-se semelhante às outras criaturas, irracionais, e esquecendo que recebeu mais do que elas[157]. São Bernardo parece ter-se inspirado aqui em um trecho das *Confissões* em que Santo Agostinho, falando da concupiscência dos olhos, afirma que os homens que se deixam seduzir pelas produções da arte "apegam-se, no exterior, às obras de suas próprias mãos e abandonam, no interior de si mesmos aquele de quem são a obra, aniquilando assim a obra realizada neles pelo Criador"[158].

É preciso portanto voltar a si, ao próprio interior. Aqui começa o trabalho da salvação[159]. Então a alma conhecerá sua miséria e se humilhará[160]. O conhecimento de si é o primeiro passo para o conhecimento de Deus[161], pois o homem descobre-se, em sua miséria, um receptáculo capaz da misericórdia de Deus[162]. A suma da salvação consiste assim no conhecimento de si e de Deus[163]. Essa é toda a vida espiritual[164] e toda a vida do monge[165].

Não há, por conseguinte, nessa espiritualidade, um lugar de destaque para os sentidos que nos põem em contacto com as coisas exteriores. Ao contrário, toda a ênfase está na interioridade. O mais elevado

---

156. cf. Ct. 1, 17.

157. *Tratado do Amor de Deus*, II, 4.

158. cf. *Confissões*, L. 10, XXIV, 53.

159. *Da Conversão*, 2, n.º 3.

160. *Sermão sobre o Cântico* 36, 5.

161. *ib*, 6.

162. *Da Conversão* 7, 12.

163. *Sermão sobre o Cântico* 37, 1.

164. *Sermões Diversos* 5, 5.

165. *Sermões Diversos* 2, 1.

grau de contemplação é atingido por aquele que, desprezando o uso das coisas visíveis e dos sentidos, tanto quanto o permite a fragilidade humana, tem o hábito de, no exercício da mesma contemplação, alçar-se em vôo para as alturas sublimes não por etapas sucessivas, mas através de ímpetos súbitos[166]. Esta é a via mais curta e direta que escolheram os monges na sua pressa de ir para Deus[167].

A conseqüência desse raciocínio é que se deve desprezar o que é exterior. Um outro cisterciense, Guilherme de Saint-Thierry, propõe justamente isso, na mesma linha de pensamento:

> "Que aqueles, aqueles mesmos a quem a preocupação com o interior prescreve desprezar e negligenciar tudo o que é exterior, construam com as próprias mãos, segundo o ideal de pobreza, segundo a santa e graciosa simplicidade, segundo as linhas sóbrias que herdaram de seus Pais. A habilidade dos artesãos não compensará o mal que fazem[168]".

A busca espiritual exige a mortificação dos sentidos. Daí a "santa e graciosa simplicidade", as "linhas sóbrias" que suprimem toda a voluptuosidade das formas. Mas Guilherme menciona ainda uma outra razão para a simplicidade: a pobreza. São Bernardo a proporá também com grande empenho, como se verá.

Também a ornamentação rica que solicita demais os sentidos, continua Guilherme, é vista com desconfiança:

> "Estas belezas, estas elegâncias exteriores enfraquecem logo as resoluções viris e tornam afeminada uma alma vigorosa. Freqüentemente, os gozos desse tipo embotam-se pelo costume, vários, além do mais, usam deles como se não usassem; contudo, tais atrativos são melhor combatidos e vencidos pelo des-

---

166. *Da Consideração*, V, c. 1, 1.

167. *Sermões Diversos* 93, 2.

168. cf. *Carta de Ouro*, L.5, c.4, 89, cf. *Carta de Oro*, Madri, 1968, 97.

prezo que pelo uso. O exterior tem grande influência na nossa vida interior se o dispomos à semelhança do espírito e se ele se adapta, a sua maneira, ao gênero de vida que abraçamos[169]".

A mais forte e conhecida expressão dessas idéias encontra-se porém na Apologia, manifesto em favor do novo monaquismo e escrito de polêmica com o monaquismo tradicional e seus valores, inclusive em matéria de expressão artística, composta aliás por São Bernardo por solicitação do mesmo Guilherme de Saint-Thierry, quando este ainda não era cisterciense. Eis aqui alguns de seus trechos mais significativos:

> "Não falo da imensa altura das igrejas, de seu comprimento exagerado, de sua largura supérflua, de seus ornamentos suntuosos, das pinturas rebuscadas que, captando o olhar dos que ali rezam, são um obstáculo a sua devoção[170]".

> "...Dizei-me pobres – se é que sois pobres – que faz o ouro em vosso santuário?...Porque uma é a missão dos bispos e outra a dos monges. Aqueles se devem igualmente aos sábios e aos ignorantes e precisam estimular a devoção exterior do povo mediante a decoração artística, porque não lhes bastam os recursos espirituais[171]".

São Bernardo condena não só as proporções, consideradas soberbas e supérfluas, mas também a riqueza e variedade de ornamentação que é nociva à interioridade. Tais características, aceitáveis nas catedrais, não seriam próprias para as igrejas monásticas, pois os monges podem dispensar coisas visíveis e sensíveis já que recorrem só às espirituais em sua ascensão para Deus. Ademais, São Bernardo vê uma contradição entre esses elementos e a pobreza que deveria ser professada pelos monges, pobres com o Cristo pobre.

---

169. ib., L. I, c.4, 90 cf. *Carta de Oro*, 97-98.

170. *Apologia*, 28.

171. *ib*.

Continua, porém, São Bernardo:

> "Mas nós que deixamos tudo, que deixamos as coisas belas e preciosas do mundo por Cristo, nós que consideramos como lixo tudo aquilo que encanta os olhos, o ouvido, o olfato, o paladar, o tato e todos os prazeres sensíveis a fim de ganhar o Cristo, de quem, pergunto, queremos excitar a devoção com tudo isso[172]"?

Aqui a censura dirige-se à excessiva solicitação dos sentidos como contrária à renúncia e à ascese monástica. O argumento invocado é paulino (Fl. 3,8): deixar tudo e considerar tudo como nada para ficar só com o Cristo.

Há ainda um outro problema. A rica ornamentação despoja o pobre, a arte é produzida às custas do socorro aos desvalidos:

> "Pendem do teto não simples coroas mas verdadeiras rodas, cobertas de pedras preciosas e guarnecidas de lâmpadas que não brilham mais que as gemas e as pedras. Vê-se ainda, em lugar de candelabros, árvores de bronze, trabalhadas com delicadas filigranas, refulgentes por seus numerosos círios e pedras preciosas. Que buscam com tudo isso? A compunção dos penitentes ou a admiração dos visitantes? Ó vaidade das vaidades, mais ridícula ainda que vã! A igreja resplandece em suas paredes mas agoniza de miséria em seus pobres; orna de ouro seus monumentos de pedra e deixa seus filhos nus[173]".

Por fim Bernardo investe contra a ornamentação dos claustros, lugar da oração privada e da *lectio*, prejudicadas pela abundância de imagens e esculturas:

> "Que fazem ainda nos claustros, sob os olhos dos irmãos aplicados à leitura, esses monstros ridículos, essa beleza disforme e essa bela deformidade? Que fazem esses símios imundos, esses

---

172. *ib*.

173. *ib*.

leões ferozes, esses centauros monstruosos, esses semi-homens, esses tigres pintados, esses soldados em combate, esses caçadores que fazem soar a trombeta? Aqui vê-se uma só cabeça sobre vários corpos, ali um corpo sob várias cabeças... Há tantas coisas variadas que torna-se mais agradável ler o que está gravado nas pedras do que o que está escrito nos livros e passa-se assim o dia a admirar tudo isso sem meditar a lei de Deus. Ó Deus! Se não se tem vergonha de tanta inépcia, que ao menos se lamente as despesas que acarreta[174]".

Estas são as razões que justificam os dois estatutos acima referidos que baniram as iluminuras dos manuscritos e as pinturas, esculturas e vitrais coloridos das igrejas e claustros cistercienses.

A. Dimier observou ainda que os cistercienses, no seu apego à *rectitudo regulae*, empenharam-se em observar o que São Bento prescreve no capítulo 20 de sua Regra a respeito do oratório do mosteiro: que seja o que seu nome indica, isto é, uma oficina de oração e nada além disso. Haveria então uma extensão do princípio da *rectitudo regulae* às edificações: a *rectitudo* das formas arquitetônicas com exclusão de tudo o que não é diretamente ordenado à oração e ao culto divino[175]. O resultado foi a adoção de proporções razoáveis e uma composição de elementos extremamente harmoniosa[176]. Nisso consistiu toda a beleza da arquitetura cisterciense. A simplicidade e o despojamento aliaram-se a um admirável equilíbrio de massas e a uma pureza de linhas absoluta, o que fez os cistercienses atingir as alturas da grande arte[177]. Criou-se um sistema perfeito, com volumes puros e a harmonia dos números, a materialização da eternidade, segundo a expressão de Dalloz[178].

---

174. *ib.*, 29.

175. cf. *L'Art Cistercien*, em L'Art Cistercien, Paris, 1962, 32.

176. cf. B. Chauvin, *Le Plan Bernardin: Realités et Problèmes*, em Bernard de Clairvaux (Sources Chrétiennes 380), 333.

177. cf. A. Dimier, art. cit., 31.

178. cf. *L'Architecture de Saint Bernard*, Coll. Cist. 42 (1980), 36-51.

A uniformidade e a difusão desse estilo cisterciense na arquitetura que durou, em sua forma mais pura, pouco menos de um século, deve-se certamente à influência de São Bernardo, não tanto pela imposição de padrões ou através de prescrições legais – ainda que pareça ter-se empenhado em difundir um plano arquitetônico que se encontra sobretudo na linha de Claraval e cuja expressão mais perfeita é a igreja da abadia de Fontenay – mas sobretudo pela via do discipulado. Monges de Claraval, enviados às diversas fundações, procuraram aplicar os princípios arquitetônicos deduzidos de seus ensinamentos às construções que tiveram que empreender. A influência de São Bernardo foi então prevalentemente espiritual[179].

Elredo de Rievaulx, monge da terceira geração cisterciense e discípulo de Bernardo, é um bom exemplo da difusão de seu pensamento. A propósito das distrações suscitadas pela decoração escreveu:

> "Não celebram esta festa razoavelmente nem como é devido aqueles que, por excesso de vaidade, buscam esses ornamentos exteriores e essas belezas, de tal forma que o homem exterior, distraído por tantos cantos, ornamentos, luzes e muitas outras coisas belas, quase só poderá pensar no que chama atenção à vista, aos ouvidos e aos outros sentidos. Quanto a nós (*ou seja os monges*), que não vemos essas coisas e que sabemos que muitos a elas recorrem, o objeto de nossas meditações e a causa de nossa alegria é essa beleza verdadeira de que gozam os santos do céu, são esses ornamentos espirituais que os santos possuem na justiça e na santidade, são os hinos e louvores que cantam sem cessar à glória de Deus, enfim é essa clareza que contemplam na face de Deus[180]".

Da mesma forma que Bernardo na Apologia, Elredo, citando a mesma passagem das *Confissões* de Agostinho, condena a ornamentação nos claustros, ao mesmo tempo que exalta a pobreza e a suficiência das consolações puramente espirituais do amor de Cristo:

---

179. cf. B. Chauvin, *art. cit.*, 333 - 334.

180. cf. *Sermão para a Festa de Todos os Santos*.

"Por que estão nos claustros dos monges esses grous e lebres, gamos e cervos, pegas e corvos? Esses não são os instrumentos dos Antão e dos Macário mas o divertimento de mulheres. Nada disso é conforme à pobreza monástica e só serve para distrair os olhos dos curiosos. Se alguém, preferindo a pobreza do Cristo Jesus a todos os prazeres dos olhos, quis manter-se nos limites do necessário, e se, em lugar desses edifícios de dimensões vãs e supérfluas, escolheu essas pequenas construções de pobres religiosos, se, quando entra em um oratório feito de pedras grosseiras não encontra aí nem esculturas, nem pinturas, nem tapetes sob um piso de mármore, nem paredes ornadas de púrpura, decoradas com cenas históricas e de batalhas ou mesmo das Sagradas Escrituras, se o brilho das luzes não o encanta, assim como o esplendor dos metais dos objetos de culto, se, ao contrário, tudo o que vê lhe parece pobre e se queixa de estar banido do paraíso e mergulhado no horror de um cárcere sombrio, de onde lhe vem essa tristeza de alma? De onde lhe vem esse sofrimento? Se tivesse, pergunto-vos, aprendido com o Senhor Jesus a ser doce e humilde de coração e a contemplar, como diz o Apóstolo, "não as coisas visíveis mas as invisíveis", pois as visíveis são passageiras enquanto as invisíveis são eternas... se, digo, tivesse colocado sua alma sob o jugo do amor de Deus, ali onde interiormente o doce mestre faz provar toda sua doçura, pergunto-vos, continuaria a apegar-se a essas miseráveis belezas exteriores[181]"?

Seria ainda necessário acrescentar um outro fundamento, agora de natureza teológica, para a simplicidade cisterciense, principal característica de sua arte e arquitetura no apogeu da Ordem. Conforme Plotino, que está à base de Agostinho e Bernardo em sua doutrina da imagem, Deus é uno, absolutamente sem divisões, sempre idêntico a si mesmo. Para Bernardo, que supõe também nesse ponto Plotino, a simplicidade é o mais importante atributo da natureza divina. A natureza humana possuía essa simplicidade, como uma de suas características fundamentais, justamente por ser imagem e ter a semelhança da natureza divina. O pecado destruiu a semelhança e, sem ela, o homem tornou-se com-

---

181. *Espelho de Caridade*, L. II, c. 24, 70-72, cf. Padres Cistercienses 9, Azul, 1982, 175-177.

plicado, isto é, não simples. Introduziu-se a divisão em seu íntimo, há um desacordo profundo no querer humano. Antes do pecado a vontade desejava apenas o bem e tinha em Deus seu objeto proporcional. Agora roda à volta de objetos insatisfatórios. Esse é o drama da dessemelhança. Cabe à graça restaurar a simplicidade original, reorientando a vontade humana para Deus. São Bernardo percebeu como ninguém a desigualdade do íntimo do homem, sua profunda nostalgia da simplicidade original. Isso marca toda a vida cisterciense, não só sua arte e arquitetura. É por isso que a liturgia cisterciense renunciou ao *décor*, ao emprego de formas exteriores e efeitos fáceis para colocar o acento no essencial: o mistério de Cristo[182].

3. A reforma cisterciense do canto gregoriano

Os cistercienses não criaram melodias próprias para sua liturgia. Muito ao contrário, desejaram desde muito cedo contar com um repertório o mais fiel possível à tradição do canto que se julgava então composto pelo papa Gregório Magno sob a inspiração do Espírito Santo. Hoje sabe-se que o inestimável tesouro do canto gregoriano formou-se aos poucos desde os inícios da cristandade nos diversos ritos que a compunham. Esse desejo de autenticidade é característico de Cister primitivo. Assim como buscavam viver em toda a pureza da Regra de São Bento, afastando costumes e mitigações que a seu ver a descaracterizavam, tiveram grande empenho em aplicar esse ideal de procura do verdadeiro, original e íntegro a outros planos. Com semelhante propósito, Santo Estêvão promoveu um trabalho de grande erudição para sua época, consultando mesmo rabinos, para estabelecer o texto mais fiel da Escritura, depurado de variantes e inexatidões, do que resultou a famosa Bíblia de Santo Estêvão, manuscrito com iluminuras primorosas ainda hoje existente. Ainda nessa linha de preocupações, enviou monges a Milão para colher os autênticos hinos ditos ambrosianos, de maneira a ser fiel à prescrição de São Bento em sua

---

182. cf. Soeur Marie-Pierre Faure, <u>Appelés à la simplicité</u>, Coll. Cist. 41 (1979), 113.

regra de que tais peças fossem cantadas no ofício divino. Pela mesma razão enfim, desde os primeiros anos, os monges de Cister quiseram procurar o canto gregoriano mais autêntico para o adotar em sua liturgia. Como na época o canto da igreja de Metz na França gozava da reputação de maior autenticidade – o canto gregoriano praticado em Roma era considerado então como desviado da verdadeira tradição – para lá igualmente enviou seus monges a fim de copiarem as melodias. Todavia o gregoriano que de lá trouxeram não mais fazia jus à reputação de que gozava. Metz fora de fato um centro respeitável da tradição do cantochão, mas no século XII essa tradição já se achava corrompida. Desta forma, embora os cistercienses, possivelmente já sob a liderança de Santo Estêvão, tenham adotado integralmente a tradição de Metz, muito cedo começaram a sentir as falhas e inconvenientes das melodias que usavam. Esse descontentamento que parece ter sido generalizado, foi forte o suficiente para que o Capítulo Geral da Ordem tomasse a decisão de confiar a São Bernardo a tarefa de promover uma nova reforma do antifonal. Bernardo não era certamente um *expert* em música nem dispunha de tempo para dedicar-se a um trabalho dessa natureza, por isso, como afirma aliás na carta[183] que serviu de prólogo ao novo antifonal, convocou monges versados na matéria e com conhecimentos teóricos. Estes, após compararem antifonários já existentes, produziram um trabalho que, na mesma carta, chama de irrepreensível tanto no texto quanto no canto.

Que princípios presidiram a essa reforma? Trata-se, segundo a opinião de um recentíssimo estudo, de uma tentativa de levar o canto a sua perfeição, definindo a sua *ratio* ou natureza própria e purificando-o de todo elemento que esteja em contradição com ela[184]. Isto supõe uma ordem querida por Deus na música com natureza inteligível, isto é, princípios eternos discerníveis pela razão. Santo Estêvão procurou a autenticidade recorrendo à autoridade da tradição de Metz, julgada

---

183. cf. *Os Cistercienses, Documentos Primitivos*, São Paulo, Musa/Lumen Christi,1997, 177.

184. cf. Claire Maître, *La Réforme Cistercienne du Plain-Chant*, Cîteaux: Studia et Documenta Vol. VI, Brecht, 1995, 60.

indiscutível. Os reformadores da segunda geração sacrificam a autoridade à razão. Bernardo mesmo afirma no seu prólogo que o canto de Metz não segue uma regra, ou seja, não se submete à idéia *a priori* dos reformadores a respeito do canto correto. Na verdade estes reformadores perseguem o mito de que há uma verdade absoluta e arquetípica na música que existiu em uma idade áurea e que foi corrompida com a evolução, gerando a diversidade de tradições. Para eles a diversidade é a prova irrefutável da corrupção pois a verdade é una. Aplicando os princípios teóricos que definem este canto arquetípico para a correção de seu antifonal seria possível retornar às formas puras. O advérbio latino *regulariter*, ou seja, regularmente, é fundamental para a compreensão de sua concepção neste ponto. A verdade da música residia para eles na obediência a regras de composição coerentes, isto é, regulares. Entretanto estas regras do canto puro são definidas mediante o exercício da razão. Na verdade, muito do que os responsáveis pela reforma do canto erigiram numa teoria sistematizada já existia de forma esparsa em outros teóricos medievais. O Abade Guy de Cherlieu, em quem os eruditos identificam o autor de um tratado denominado *De cantu* e também da obra *Regulae de arte musica*, foi seu principal agente. A correção do antifonal de Metz submeteu-se aos princípios que já havia definido nas mesmas **Regulae**. Nenhuma outra teoria medieval realizou a façanha da cisterciense, passou inteiramente à prática e produziu um antifonal e um gradual totalmente de acordo com seus princípios[185].

Num plano mais concreto, pode-se dizer que a reforma seguiu quatro grandes princípios. Em primeiro lugar, observou-se a regra da unificação modal, isto é, buscou-se suprimir a mistura dos modos – estruturas melódicas básicas (oito) das peças gregorianas – de maneira a fazer prevalecer seu gosto pela sinceridade e a lógica da peça, evitando o supérfluo, o por demais refinado e o incerto. Com isso renunciaram às *nuances* complicadas da tradição que consideravam de autenticidade dúbia. Deve-se dizer que tal princípio não foi aplicado indiscriminadamente e não se violentaram os textos. Trata-se ademais de doutrina corrente no século XII. O segundo princípio diz respeito a lei do *ambitus*, ou seja, envolvia

---

185. cf. Claire Maître, *op. cit.*, 64.

a proibição de ultrapassar o decacorde ou um âmbito com mais de dez graus e a proscrição de compenetração entre os modos autêntico e plagal, que trazia como conseqüência a indesejada ampliação do *ambitus*. Seu fundamento é mais de ordem prática pois visava evitar a dificuldade de execução – melodias com notas muito graves ou agudas – e problemas na notação, pela ampliação da pauta com linhas suplementares. Foram supressas assim as notas mais graves ou agudas da melodia. Um terceiro princípio propunha a exclusão do bemol quando possível. Aqui os cistercienses fizeram de um princípio da época um sistema rígido. Por último, os reformadores procederam a cortes, amputações e simplificações que incluíam supressão de repetições textuais, de vocalises longas e de certas notas estróficas que repercutiam.

O que dizer da qualidade musical da reforma? Em geral os musicólogos consideram que a reforma bernardina produziu um canto com menos valor artístico que a melhor tradição do gregoriano, pois a teoria aplicada à correção excluía as exceções, as incertezas e fantasias, o que gerou simplificação ao mesmo tempo que um certo empobrecimento. Todavia C. Waddell observa que, partindo do antifonário de Metz, muito do trabalho feito foi simplesmente alinhar as melodias ao padrão corrente, suprimindo o que havia nele de particularismo e insólito. Nesse sentido, mesmo aplicando os princípios teóricos que lhes eram caros, os cistercienses "normalizaram" o repertório de Metz[186]. Além disso, pode-se dizer que o emprego dos mesmos princípios tornou as melodias mais sóbrias e forjou uma tradição própria cisterciense com grande uniformidade tanto no espaço – abrangeu todos os mosteiros da Ordem – quanto no tempo – permaneceu imutada até o século XVII. O canto cisterciense, proveniente da reforma de São Bernardo, foi contudo integralmente restaurado nas duas Ordens Cistercienses com a edição de novos livros litúrgicos realizada na segunda metade do século XIX e é ainda praticado nos mosteiros que mantêm a tradição do gregoriano.

---

186. cf. *Le Chant et la Liturgie*, em Bernard de Clairvaux, *Histoire, Mentalité, Spiritualité*, cit.,300

De um outro ponto de vista, pode-se avaliar a reforma do canto dentro do espírito da própria reforma cisterciense e do particular tom ascético que lhe conferiu São Bernardo. O estatuto LXXIII do Capítulo Geral que faz parte da coleção dita "de 1134" apresenta uma disposição relativa ao canto muito próxima daquelas citadas anteriormente que dizem respeito à austeridade na liturgia, na arquitetura e na elaboração dos manuscritos. Eis o texto:

> "Deve-se cantar com voz viril e não com vozes agudas das mulheres, vozes de falsete como são chamadas, que imitam a afetação dos comediantes. Pedimos pois que seja respeitado no canto um justo equilíbrio, a fim de que dele emane a dignidade e que a piedade seja preservada".

A preocupação aqui é no sentido de submeter a execução do canto ao sentido religioso do que está sendo celebrado. O virtuosismo poder-se-ia tornar um fim em si mesmo e o canto poderia então levar o ouvinte a distrair-se do sentido do texto para "seguir os meandros ilusórios de um percurso melódico[187]". De fato, esta é a mesma preocupação de São Bernardo a respeito da função dos sentidos que, excessivamente solicitados, desviam do essencial. Vê-se também neste ponto aquela vontade de despojamento da estética bernardina que evita os impedimentos à concentração do espírito. Como afirma L. Pressouyre, Bernardo pensa que, no caminho para o céu, os divertimentos do mundo sensível são um obstáculo maior, pois só é possível ascender para Deus eliminando as superfluidades acidentais e tumultuosas das formas terrestres, das cores e dos sons, de maneira a buscar sua presença na perfeição desencarnada das proporções, da luz e do silêncio[188]. Conforme essa concepção, a recusa da incerteza modal – que é de certa forma um híbrido, como aqueles que aparecem nas esculturas dos claustros condenadas em seu trata-

---

187. cf. Claire Maître, *op. cit.*, 59.

188. cf. *Saint Bernard et le monde cistercien*, Catalogue de l'exposition presentée à la Conciergerie, Paris, 1990, 21.

do "Apologia à Guilherme" também por serem contrários à verdade da natureza – das longas tessituras e da repetição dos motivos melódicos não são apenas exclusões mas revelam uma escolha positiva que deseja chegar à transcendência pela superação das formas imanentes[189].

Enfim, para concluir essa exposição, seria útil apresentar um último traço da estética cisterciense de inspiração bernardina, colhido de algumas observações feitas por São Bernardo ao abade de Montiéramey, a propósito do canto litúrgico. Apesar de seu rigoroso ascetismo e do não menos radical espírito de despojamento que, por sua influência, predominou no campo da produção artística cisterciense, Bernardo não era insensível ao importante papel que a boa qualidade da música poderia desempenhar na busca espiritual:

> "... que as certezas enunciadas (no canto) brilhem com o esplendor da verdade, que tenham o tom da santidade, que conduzam à humildade e ensinem o justo equilíbrio! Que façam nascer a luz nos espíritos, que regrem os costumes, crucifiquem os vícios, acendam o fervor da devoção e dominem os sentidos. Quando se canta, que seja um canto cheio de gravidade, que não deixe transparecer nem lascívia nem grosseria. Que a doçura do canto nunca chegue à leviandade, que seja encanto para os ouvidos e toque os corações! Que alivie a tristeza, apazigúe a cólera, não anule o sentido do texto mas, ao contrário, o torne fecundo. Não é pequeno desperdício de graça espiritual levar os ouvintes, pela beleza do canto, a se afastar do sentido útil das palavras para deixá-los seguir as modulações da voz, em vez de os fazer penetrar na realidade das coisas[190]".

Há aqui toda uma ascese aplicada à música e ao canto, obedecendo aos mesmos princípios já apresentadas e que se resumem no primado da interioridade que não deve ser prejudicada pelas impressões sensíveis. A beleza não tem um fim em si mesma. A doçura do canto e as modulações de voz, captando a sensibilidade humana, não devem im-

---

189. cf. L. Pressouyre, *Le rêve cistercien*, Paris, 1990, 62-63.

190. Carta 398, cf. *Os Cistercienses, Documentos Primitivos*, cit. , 191.

pedir a percepção do sentido espiritual das palavras. Ao contrário, o canto deve fecundar esse sentido, fazendo com que produza todos os seus frutos. C. Waddell, que aproxima este texto de uma passagem do sermão sessenta e sete sobre o Cântico[191], conclui que, para Bernardo, a função da música é acrescentar profundidade e intensidade à nossa experiência das palavras da Esposa, palavras da Igreja e da Liturgia. Eis aí o grande papel da arte sacra e da arte cisterciense: aprofundar a experiência espiritual e elevar o homem ao Eterno[192].

---

191. cf. *Sermão sobre o Cântico 67, 1*.

192. cf. *op. cit.*, 304-306.

Pe. Luis Alberto Ruas Santos O. Cist.

VI. Obras de São Bernardo

Nos anos cinqüenta e sessenta um grande erudito francês, monge beneditino, dedicou-se à gigantesca tarefa de fazer a edição crítica das obras completas de São Bernardo. O fruto de seu trabalho foi a publicação *Sancti Bernardi Opera*, (Obras de São Bernardo, citada abreviadamente com a sigla SOB) que estabeleceu o texto definitivo da vasta produção literária do abade de Claraval, com base nos melhores manuscritos latinos, e constitui hoje uma referência obrigatória para todos os estudiosos. Além de uma coleção de sermões marianos e alguns trechos de escritos e passagens usadas no lecionário da Liturgia das Horas, sem falar numa antiga versão portuguesa do *Tratado da Consideração*, nada mais existe de São Bernardo traduzido em nossa língua. Considerando que Bernardo é um dos maiores escritores eclesiásticos de todos os tempos, um doutor da Igreja e certamente um dos melhores autores que escreveram em latim no período medieval, essa ausência de edições acessíveis aos leitores de língua portuguesa é uma lacuna imensa.

Sua obra pode ser dividida em cinco grandes grupos: tratados, sermões, cartas, parábolas e sentenças. Vejamos rapidamente cada um desses grupos:

1. Tratados

• *Tratado da Graça e do Livre-arbítrio*: aborda a questão da articulação da graça com a vontade livre do homem;

- *Tratado dos Graus da Humildade e da Soberba*: analisa o problema da humildade enquanto descoberta da verdade e apresenta uma acuradas descrição das manifestações do orgulho humano na vida do monge;
- *Tratado do Amor de Deus*: é descrita nessa obra a problemática do amor na vida humana e, em particular, os graus de amor a Deus numa progressão ascendente;
- *Apologia a Guilherme*: o tema deste livro é a reforma monástica e o confronto entre o novo e tradicional monaquismo;
- *Do Preceito e da Dispensa*: aborda problemas referentes aos compromissos monásticos;
- *Sobre a Conversão, para os Clérigos*: propõe para os estudantes das escolas de Paris a via da salvação e do amor de Deus;
- *Sobre o Ministério Episcopal* (carta 42): trata dos deveres do estado episcopal e apresenta um diretório espiritual para os prelados;
- *Tratado da Consideração*: obra dedicada ao papa cisterciense Eugênio III, contém um diretório espiritual para o exercício de suas altas funções mas reúne também conselhos úteis para a vida espiritual de qualquer cristão;
- *Em Louvor da Nova Milícia*: dirigido à Ordem Militar dos Templários, exalta este gênero de vida;
- *Vida de São Malaquias*: escrito edificante sobre a vida do bispo irlandês Malaquias, um dos maiores amigos de Bernardo;
- *Tratado sobre o Batismo* (carta 77);
- *Sobre os Erros de Pedro Abelardo* (carta 190): aborda temas de sua controvérsia teológica com o famoso mestre Abelardo;
- *Em Louvor da Virgem Mãe*: conjunto de quatro homilias que exaltam a figura de Maria e sua mediação, é um dos escritos mais famosos de São Bernardo; e
- *Opúsculos*: *Ofício de São Vítor, Prólogo ao Antifonário Cisterciense, Epitáfio de São Malaquias*.

2. Sermões

- *Sermões para as festas ou celebrações do Ano Litúrgico*;
- *Sermões Diversos*; e
- *Sermões sobre o Cântico dos Cânticos*: série de 86 sermões comentando o livro do Cântico que permaceu contudo inacabada; seja como for, é talvez sua obra mais importante e desenvolve basicamente o tema da procura mútua da criatura e do Criador, embora contenha várias digressões.

3. *Cartas*. Bernardo deixou um vasto epistolário de mais de 500 cartas que abordam os mais diversos temas, da reforma da Igreja e da promoção da vida monástica, passando por problemas da conversão e da vida espiritual até intervenções suas de ordem caritativa ou escritos motivados pela amizade e afeição; é um meio importante para conhecer sua personalidade e vasta atuação no mundo de seu tempo.

4. e 5. *Sentenças e Parábolas*. São textos de caráter pastoral e querem atingir o leitor, seja ele culto ou inculto, com imagens, símbolos ou metáforas; têm um sabor popular e visam à instrução de seus monges e irmãos conversos para viverem o seu cotidiano. Chegaram até nós 358 sentenças e 8 parábolas.

Pe. Luis Alberto Ruas Santos O. Cist.

VII. Pequena Antologia

A melhor apresentação que se pode fazer de São Bernardo é deixá-lo falar através do que escreveu. Embora toda esta breve introdução a sua vida e obra tenha sido perpassada de trechos de seus escritos, contudo, na seleção de textos que vai a seguir, será possível saborear com mais vagar não só a profunda sabedoria do grande doutor da Igreja, mas também as diferentes facetas de sua complexa personalidade que ele mesmo definiu certa vez como "a quimera de seu século".

1. A personalidade de Bernardo

Carta 324 ao Abade Roberto de Dunes

O abade Roberto converteu-se à vida monástica pela mão de Bernardo em 1131. Mais tarde, quando se tratou de incorporar a abadia beneditina de Dunes na Bélgica à filiação de Claraval, São Bernardo o designou como abade desse mosteiro e quis estar pessoalmente presente por ocasião de sua instalação no cargo abacial. O próprio Bernardo o designou como seu sucessor na sede de Claraval, o que dá bem a medida da confiança que nele depositava. Esta carta, porém, testemunha antes de tudo o apreço em que o tinha.

"Ao irmão e amigo caríssimo Roberto, abade, o irmão Bernardo deseja tudo aquilo que se pode desejar a um amigo muito caro.

Tarde te conheci e muito cedo te perdi, Roberto caríssimo. Consolo-me, porém, porque só no corpo sofro esta separação, pois, em espírito, estás sempre comigo. Mas mesmo isso, como poderia suportar com ânimo sereno, se a causa não fosse o próprio Deus? Virá, virá o dia em que seremos restituídos um ao outro, no qual cada um gozará de si mesmo e um do outro plenamente, estando mutuamente presentes um ao outro em ambas as partes de nosso ser, sem que jamais sejamos um do outro separados em nenhuma das duas. Quem é hoje causa de nossa passageira separação será então o forte laço de nossa união. Sem deixar de estar presente a cada um de nós, conservar-nos-á para sempre presentes um ao outro".

Carta 70 ao Abade Guido de Trois-Fontaines

Escrita entre os anos de 1128 e 1133, ou seja, quando Bernardo já tem uma boa experiência no abaciado, esta carta transmite ao Abade Guido conselhos a respeito da misericórdia a ser exercida pelo abade com relação ao monge transgressor. Contém igualmente – e por certo é sua parte mais importante –, a narrativa de uma experiência pessoal em que transparece, por um lado, sua impetuosidade e, por outro, toda sua lucidez, capacidade de ouvir e coragem de mudar seu juízo quando errado.

"Considerando a miserável condição desse monge miserável, sinto por ele misericórdia, mas temo que seja inútil. Na verdade, não me parece inútil exercer a misericórdia pois, mesmo que ele permaneça em sua miséria, não é infrutuosa para mim mesmo minha misericórdia. Pois não é minha própria utilidade que me inclina à misericórdia mas, ao contrário, é a miséria do próximo e a dor fraterna que dela deriva que a gravam no mais íntimo de minhas entranhas. A misericórdia é de fato um sentimento que nem é controlado pela vontade nem submetido à razão, pois ninguém a faz surgir em si mesmo por um movimento voluntário. É ela que, com uma força irresistível, move as mentes piedosas à compaixão para com os que sofrem, de tal modo que, mesmo que fosse pecado ter misericórdia, por mais que resistisse, não poderia deixar de exercê-la. A razão ou a vontade podem certamente impedir o efeito do afeto mas poderiam acaso suprimi-lo? Afastem-se de mim os que me consolam dizendo que minha oração retornará ao meu íntimo se aquele por quem a proferi não se converte. Nem escuto aqueles que me lisonjeiam dizendo: *A justiça do justo estará sobre ele* (sl. 34,13), enquanto o ímpio permanece em sua impiedade.

Não aceito, insisto, consolação enquanto vejo a desolação do irmão. Portanto, filho dulcíssimo, se também tua mente pia é possuída por um afeto semelhante, ou, antes, não é possuída por um afeto diferente, ainda que te pareça que este infeliz, com suas idas e vindas, tenha esgotado para si as possibilidades de retorno oferecidas pela Regra, como, porém, ele julga de outro modo, deve ser ouvido no que humildemente alega não apenas pacientemente mas ainda de boa vontade. Talvez seja possível encontrar uma solução razoável para que retome o caminho da salvação que agora parece perdida para ele, pois, como tua experiência há de concordar com a minha, se será muito difícil para ele consegui-la dentro de uma comunidade, muito mais lhe será fora dela. Ouvido o parecer dos irmãos, não te negues a retratar diligentemente tudo o que manifestaste contra ele, para que, pela tua humildade, seja curada sua contumácia e assim seja possível encontrar um modo de recebê-lo ainda uma vez de forma regular. Não se deve temer que tal retratação desagrade ao Deus justo e misericordioso se a misericórdia prevalecer sobre a justiça.

Como exemplo, quero referir-te um caso semelhante que, recordo-me, ocorreu comigo. Já faz certo tempo, quando ainda vivia meu irmão Bartolomeu, em dada ocasião, tendo-me causado um aborrecimento, com a face comovida pelo furor e a voz ameaçadora, ordenei que deixasse o mosteiro. Imediatamente se foi, dirigiu-se a uma de nossas granjas e ali permaneceu. Tendo sabido disso, quis chamá-lo de volta mas respondeu que só voltaria se fosse recebido em seu lugar de ordem e não em último, como fugitivo, uma vez que havia sido expulso irrefletidamente e sem um juízo regular. Alegava que não devia ser submetido ao juízo da Regra ao retornar porque havia sido expulso sem obediência a suas prescrições. Como suspeitasse de meu próprio juízo, podendo intervir o afeto carnal, confiei ao conselho de todos os irmãos o julgamento de minha ação e de suas alegações. Assim, estando ausente, a questão foi julgada e decidido que não seria contrário à Regra acolhê-lo pois sua expulsão não havia sido feita segundo suas prescrições. Se portanto, com relação àquele que só saiu uma vez, pesou tanto a consideração da piedade, quanto mais não deve pesar com relação a este que dela tem tanta necessidade?"

2. Bernardo satírico

Humor, fina ironia e verve satírica serviram ao reformador e pregador do ascetismo monástico em Bernardo. À base de tudo isso estava uma alma com grande sensibilidade e poder de percepção a que nada escapava. Eis alguns textos famosos:

Tratado sobre os graus da humildade, n° 42 e 43

A segunda parte deste tratado descreve de forma hiperbólica e com humor caricatural as sutis manifestações do orgulho humano. Eis aqui dois retratos, o do monge dominado pela singularidade, o quinto grau da soberba, e o do monge que, alimentando um conceito muito elevado de si mesmo, caiu no sétimo grau, a presunção:

"Para aquele que se presume superior aos demais, seria desonroso não fazer algo que o colocasse acima dos outros, de maneira a sobressair sobre eles. Por isso não lhe basta o que recomendam a regra comum do mosteiro e o exemplo dos mais velhos. Na verdade, não se esforça para ser melhor mas para parecer sê-lo. Não busca viver melhor, quer apenas dar a impressão de fazer mais para poder dizer em seu íntimo: *"Não sou como o resto dos homens"* (Lc 18,11). Felicita-se mais por jejuar um só dia em que os demais não o fazem do que se tivesse jejuado sete com a comunidade. Considera mais proveitosa uma só oração particular do que a salmodia de toda uma noite em comunidade. Ao comer, lança seus olhos por todas as mesas. Se percebe que alguém come menos que ele, entristece-se por se sentir vencido e começa a subtrair cruelmente de sua comida aquilo que antes julgara necessário conceder a si, pois teme menos os padecimentos da fome que um prejuízo a sua glória. Se vê alguém mais pálido ou emagrecido, julga-se vil e perde a paz. Como não pode ver seu rosto, nem saber como sua figura se apresenta aos demais, olha para suas mãos e braços, apalpa as costelas, toca os ombros e os lados, para que, sentindo o estado dos membros de seu corpo, mais ou menos fracos, avalie a palidez ou a coloração de sua face. É sempre solícito para o que faz por conta própria mas preguiçoso nos exercícios comuns. Está em vigília no leito mas dorme no coro. Enquanto os demais salmodiam nas vigílias, dorme toda a noite, porém, quando saem para gozar do recolhimento do claustro, permanece só no oratório onde tosse e pigarreia e, de seu canto, faz-se notar pelos que estão sentados fora com seus gemidos e suspiros. Todas estas práticas vãs de singularidade lhe granjeiam uma grande reputação entre os mais simples que julgam benevolamente segundo o que percebem no exterior mas ignoram a intenção oculta. Beatificando o miserável, induzem-no em erro.

Como não presumiria mais de si mesmo que dos demais aquele que pensa estar acima dos outros? Senta-se na frente nas assembléias, é o primeiro a dar seu parecer em conselho. Apresenta-se sem ter sido convocado e intromete-se onde não foi mandado. Reordena o que já está ordenado, refaz o que está feito pois o que quer que não tenha feito ou ordenado reputa mal feito ou ordenado. Julga os próprios juízes e prejulga o que está para ser julgado. Se, chegado o momento, não é promovido ao cargo de prior, pensa que seu abade lhe é hostil ou enganou-se. Se lhe confiam um cargo sem importância, indigna-se e mostra desprezo, pois, estimando-se apto para as coisas maiores, julga não dever ocupar-se das coisas pequenas. Mas é impossível que não caia em erro aquele que pensa estar pronto para tudo e age mais por temeridade que por liberalidade. Ora, cabe ao superior corrigir o faltoso. Mas como confessará sua falta quem nem se julga culpado nem admite que o considerem tal? É por isso que, quando uma falta lhe é imputada, esta não desaparece mas, ao contrário, torna-se mais grave. Então, se o vês *inclinar-se a palavras de malícia* (sl. 140,4) quando corrigido, estejas certo de que caiu no oitavo grau da soberba que se chama defesa do pecado."

3. O pescador de vocações

O recrutamento de vocações por parte de Bernardo foi sem dúvida prodigioso. Soube atrair um grande número de homens de diversas condições para sua querida Claraval. Algumas de suas cartas mostram-no no exercício dessa atividade sendo, talvez, a que segue a mais bela de todas.

Carta 106 ao mestre Henrique Murdach

Oriundo de família abastada em York e exercendo ainda jovem o cargo de mestre na escola local, Henrique Murdach deixou o ensino para entrar em Claraval em 1131. Nesta carta que se crê de 1125, Bernardo tenta persuadi-lo a buscar um outro tipo de sabedoria, baseada sobretudo na experiência da contemplação e do silêncio interior.

"A seu dileto Henrique Murdach, Bernardo, conhecido como abade de Claraval, desejando-lhe a salvação não apenas para esta vida.

"1. Que há de estranho que flutues entre as coisas favoráveis e adversas, se ainda não puseste os pés sobre a pedra? Mas se juras e te propões a guardar os justos mandamentos do Senhor, que poderá separar-te do amor de Cristo? Ah, se soubesses o que tenho a te dizer! *Ó Deus,, os olhos não viram,, o que tens preparado para aqueles Te amam* (sl. 39,3). Mas tu, irmão, que, como ouvi, lês os profetas, *pensas compreender o que lês* (At *8,30)?* Pois se entendes, deves compreender que o sentido verdadeiro do que escreveram os profetas é Cristo. Se desejas captá-lo, mais rapidamente o conseguirás seguindo-o que lendo. Por que buscas a Palavra na palavra se esta já se encarnou e está diante dos olhos? O Cristo já saiu do esconderijo dos profetas para apresentar-se à vista dos pescadores. Já saiu do monte nublado e de vegetação cerrada, *como o esposo de seu tálamo* (sl. 18,6), para o campo do Evangelho. Agora, *quem tem ouvidos para ouvir, ouça* (Mt. 11,15) o que clama no templo: *Quem tem sede venha a mim e beba* (Jo 7,37) e, também, *Vinde a mim todos vós que sofreis e estais sobrecarregados e eu vos aliviarei* (Mt. 11,28). Temes desfalecer onde a própria Verdade te promete alívio? Mas se tanto te agradam *as águas tenebrosas das nuvens espessas* (sl.17,12), com quanto maior alegria não haverás de haurir das serenas águas das fontes do Salvador?

"2. Oh, se apenas uma vez provasses um pouco que fosse da flor do trigo de que se sacia Jerusalém! Como não haverias de deixar aos judeus apegados à letra essas cascas duras! Oh, se um dia pudesse ter-te como companheiro na escola da piedade tendo Jesus por mestre! Oh, se me fosse dado submeter o pequeno vaso já purificado de teu coração à unção que ensina todas as coisas! Oh, como seria feliz em repartir contigo o pão ainda quente e fumegante, saído, como se diz, do forno, que o Cristo se compraz em repartir com celestial largueza a seus pobres! Oxalá pudesse comunicar-te uma gota daquela chuva generosa que Deus, em sua bondade, preparou para os que são a sua herança e derrama sobre o pobre e, assim, transmitindo-a logo a ti, recebesse por minha vez o fruto que produziu em ti! Confia em minha própria experiência, aprenderás mais nos bosques que nos livros. As árvores e as pedras ensinar-te-ão o que não podes ouvir dos mestres. Acaso pensas não ser possível *tirar o mel das pedras e o óleo das rochas mais duras* (Dt 32,130)? Ou os montes destilarem doçuras, das colinas fluir o leite e o mel e os vales abundarem em trigo? Muito mais me ocorre dizer-te, e com esforço me detenho. Mas como não me solicitas ensinamentos mas oração, peço que o Senhor *abra o teu coração para sua lei e seus mandamentos* (2Mac 1,4). Adeus."

4. Bernardo pregador monástico

O abade de Claraval foi sobretudo um pregador monástico e uma boa parte de seus sermões refere-se à vida do monge e às observâncias monásticas. Alguns desses textos tornaram-se clássicos da espiritualidade monástica. Há outros, contudo, menos conhecidos, porém não menos belos, que ilustram suas concepções neste ponto.

Terceiro Sermão para a festa da Circuncisão do Senhor

Pertencendo ao grupo dos escritos litúrgicos, este sermão traça, em sua segunda metade, a partir de uma interpretação espiritual da circuncisão de Cristo, todo o itinerário da vida monástica, desde a conversão até seu coroamento na perfeição da caridade. Como o atestam poucas mas significativas citações, subjacente à trama desta segunda parte, está o roteiro oferecido por São Bento em sua regra para o monge e que consiste numa ascensão do temor ao amor que, dilatando seu coração, expulsa todo temor e o faz correr no caminho dos mandamentos de Deus.

"5. Devemos agora explicar qual é o sentido espiritual dessa circuncisão para nós. De fato não é sem causa o preceito legal que estabelece dever ser feita no oitavo dia, nem o seu cumprimento por parte do Senhor. Mas *quem conhece o pensamento do Senhor ou quem foi seu conselheiro?* (Rm 11,34). Esteja a vosso lado para ajudar-vos em vossos desejos o Espírito que perscruta os altos desígnios de Deus e digne-se esclarecer-nos a respeito do mistério desse oitavo dia. Já sabemos que o homem deve nascer de novo, pois para isso o Filho de Deus nasceu uma segunda vez. Todos nós nascemos em pecado e temos necessidade de renascer pela graça que recebemos no batismo mas que perdemos totalmente na vida que levamos no mundo. Então, logo, Deus se compadece de nós e, operando em nós a força de sua graça, faz com que *vivamos uma vida nova* (Rm 6,4). Nasce o homem quando o sol de justiça nasce no espírito e ilumina as trevas dos pecados, apresentando ao seu íntimo o tremendo juízo de Deus e acrescentando, para seu maior terror, o pensamento da brevidade de seus dias e da incerteza de seu fim. Esta é verdadeiramente aquela tarde em que se estende o pranto e precisa ter como complemento a alegria da manhã onde se manifesta para nós sua misericórdia. Desta forma *houve uma tarde e uma manhã, o primeiro dia* (Gn 1,5). Este é o dia da justiça, porque dá a cada um o que é seu, ao homem a miséria e a Deus a misericórdia. Neste dia nasce o Menino, quando as razões expusemos move o coração ao amor da penitência e ao ódio ao pecado.

"6. Mas não é seguro fazer penitência em meio ao mundo, pois uns, com persuasões nocivas, outros, com maus exemplos, incitariam ao pecado. Igualmente haveria os que, por adulações, induziriam à vanglória e os que, pela detração, levariam à impaciência. É portanto necessário que a prudência preceda o homem convertido com o raio de sua luz, mostrando, em particular nestes tempos, quantas e quão inoportunas oportunidades e ocasiões de pecado oferece o mundo e também a fraqueza do coração humano diante delas, principalmente o que se acostumou a pecar. Neste dia de prudência, escolha então fugir deste século mau, dizendo com o profeta: *Detesto a companhia dos malfeitores e com os ímpios não me sentarei* (Sl 25,5). Mas isto ainda não é suficiente. Talvez queira escolher a solidão, não levando em conta o bastante a própria fraqueza e os perigos da luta com o diabo. Há algo mais perigoso que lutar só contra as artimanhas do antigo inimigo, por quem somos vistos mas a quem não podemos ver? É pois necessário o dia da fortaleza, para que aprenda que sua força deve ser sustentada pelo Senhor e buscada nas fileiras daqueles que empreendem o mesmo combate, onde tantos são os auxiliares quanto os companheiros, os quais são tais que podem dizer com o Apóstolo: *não ignoramos as astúcias do inimigo* (2Cor 2,11). Uma comunidade, em razão de sua força, é terrível como um exército ordenado em linha de batalha. *Ai daquele que está só, pois, se cai, não tem quem o levante* (Ecl 4,10). E se ouvimos ter sido essa graça concedida a alguns dos antigos Padres, não convém expor-se temerariamente a esse perigo, nem se deve tentar a Deus, como ensina nosso Mestre, falando dos anacoretas: *os quais, não por um fervor inicial de vida monástica...*

(Regra de São Bento 1,3). Assim, nesse dia de fortaleza, o que já havia começado por dizer em seu coração: *Odeio a companhia dos malfeitores* (sl. 25,5), dirá também: *Lavarei na inocência minhas mãos* (sl 25,6).

"7. Quando escolhe viver em comunidade com muitos, escolhe acaso também ser mestre, não tendo ainda sido discípulo, ou ensinar, sem que já tenha aprendido? E como poderá dominar os movimentos da paixão em si e nos outros? *Ninguém jamais odiou a própria carne* (Ef 5,29). E como julgais que, sendo já seu próprio mestre, não deixará de ser indulgente para consigo, tratando-se a si mesmo com largueza e familiaridade? Brilhe, portanto, o dia da temperança, para que busque como possa moderar e conter os movimentos desordenados do prazer, os impulsos irracionais da curiosidade e os desejos orgulhosos de elevar-se. Escolha ser desprezado na casa de Deus e estar sujeito a um mestre, sob o qual sua vontade seja quebrada e o freio da obediência reprima sua concupiscência, como diz o Profeta: *Colocastes homens sobre nossas cabeças* (sl. 65,12). Não desonra o servo aquilo de que o próprio Senhor é o exemplo, pois *o servo não é maior que seu senhor* (Jo 13,16). De fato, já crescido em idade, sabedoria e graça, diante de Deus e dos homens, e com doze anos, tendo permanecido em Jerusalém, foi achado entre os doutores, a quem ouvia e interrogava, pela Bem-aventurada Virgem e por José, de quem era considerado filho. Contudo desceu com eles *e lhes era submisso* (Lc 2,51). Sê tu também submisso por amor a Ele.

"8. É possível que nessa via da obediência encontres talvez coisas duras e ásperas ao te serem impostos preceitos que, apesar de salutares, te pareçam pouco suaves. Mas se os suportares com má vontade, julgando desfavoravelmente o prelado ou murmurando no coração, ainda que exteriormente executes o que te é ordenado, não praticas a virtude da paciência mas ocultas tua malícia. É preciso que brilhe agora o dia da paciência, pela qual abraçarás de ânimo sereno todas as coisas duras e ásperas, julgando-te antes a ti mesmo e repreendendo-te com severidade, já que muito te desagradam aquelas coisas que conduzem à salvação, e buscarás, quanto te seja possível, tomando o partido de teu mestre contra ti mesmo em teu coração, acusar-te em todas as coisas, enquanto procuras desculpá-lo.

"9. Também deves, nesse lugar, precaver-te contra a soberba, pois grande coisa é vencer a si mesmo. *Vale mais o homem paciente que o forte e o que domina a si mesmo vale mais que o conquistador de cidades* (Pr 16,32), diz Salomão. Considera, portanto, quão necessária, depois da paciência, o profeta ensina ser a humildade quando diz: *Submete-te a Deus, ó minha alma, pois Dele vem minha paciência* (sl. 61,6). Não parece aqui, buscando exercer a paciência, ter sentido a tentação da soberba? É preciso então que teu coração seja iluminado com a luz da humildade, para que fique claro o que provém de ti mesmo e o que provém de Deus, de modo que não se orgulhe teu coração, *pois Deus resiste aos soberbos e concede sua graça aos humildes* (Tg 4,6).

"10. Quando te tiveres exercitado em todas essas coisas, pede que te seja concedida a luz da devoção, dia sereníssimo e sábado da alma, pela qual, como soldado já experimentado, empreendas já, sem muito te esforçares, os diversos trabalhos, correndo, com o coração dilatado, o caminho dos mandamentos de Deus, de tal modo que, o que fazias antes com amargura e com o espírito constrangido, faças agora com inefável doçura e prazer. Isso pedia, se não me engano, o que exclama: *Concede-me ser aliviado* (sl. 61,6), como se quisesses dizer: Até quando padecerei nestes trabalhos e dores e serei entregue à morte todos os dias? *Concede-me ser aliviado*. Não sei se estou errado, mas penso que muito poucos chegam a essa perfeição durante esta vida. E se a alguém parece tê-la conseguido alguma vez, não confie em si mesmo, sobretudo se ainda é iniciante na vida espiritual e não subiu até ela pelos degraus antes referidos. O Senhor, cheio de misericórdia, costuma atrair com tais carícias os que não têm ainda um coração fortalecido. Porém saibam os que se encontram nesse estado, tê-lo atingido apenas pela graça que lhes foi concedida mas não doada definitivamente, a fim de que, nos dias bons, lembrem-se dos maus e, nos maus, não se esqueçam dos bons. Bem diferente, contudo, é a forma pela qual os que já se exercitaram em seus sentidos espirituais gozam, cheios de alegria, dessa devoção. Muitos buscam por toda sua existência chegar a esse estado sem nunca alcançá-lo, aos quais, porém, se nisso piedosa e constantemente se esforçaram, será concedido, assim que deixarem este corpo, o que lhes foi negado, segundo uma sábia disposição, neste mundo, e isso por obra exclusiva da mesma graça que também os sustentava enquanto estavam a caminho, para que, tornados agora perfeitos em pouco tempo, gozem de uma longa vida.

" 11. Parece restar um só e temível perigo para os que chegam a tal graça de devoção, o demônio do meio-dia, *pois o mesmo Satanás transfigura-se em anjo de luz* (2Cor 11,14). Este deve ser temido por aquele que tudo faz movido pelo impulso de um grande fervor sensível e corre o risco de, seguindo seus sentimentos, destruir seu corpo com uma ascese imoderada e ver-se obrigado, a partir daí, a cuidar de sua debilidadele, não sem grande prejuízo para os exercícios espirituais. Para que isso não ocorra, deve ser iluminado pela luz da discrição que é a mãe de todas as virtudes e coroamento da perfeição. Ela ensina a evitar o que é excessivo e este é o oitavo dia em que se circuncida o menino, pois a discrição, em verdade, corta ao redor como a circuncisão, para que nada se faça de mais ou de menos. Porque o que há de menos amputa, mas não circuncida, o fruto da boa obra, assim como o tíbio, quando faz de menos. Neste dia um nome é dado, nome de salvação e não hesito em dizer que quem abraça essa forma de vida realiza sua própria salvação. Até este dia podem falar os anjos, que conhecem os segredos celestiais: "Mas eu, agora, pela primeira vez, e com confiança, lhe imponho um nome de salvação". Como porém a discrição é uma ave rara na terra, que a obediência, como que suprindo sua ausência, ocupe em vós o seu lugar, para que não façais nada a mais ou a menos do que vos é ordenado."

Carta 322 a Hugo, noviço e mais tarde abade de Bonneval

A ocasião desta carta, escrita em 1138, foi uma crise do jovem monge Hugo, que, contudo, certamente a superou com a ajuda da exortação nela contida pois não só perseverou em sua vocação mas veio a tornar-se abade de dois mosteiros sucessivamente. Nela São Bernardo expressa de maneira muito feliz suas concepções monásticas, sobretudo no que se refere ao papel de Cristo na vida do monge.

"O irmão Bernardo, conhecido como abade de Claraval ao seu caríssimo filho em Cristo, Hugo, nova criatura em Cristo, desejando-lhe que seja forte no Senhor.

"1. *Exultamos de alegria* (sl. 89,14) com a notícia de tua conversão. Como não haveriam de alegrar-se os homens com o que os anjos se regozijam? Já se celebra um grande dia, já ressoam nos céus a ação de graças e o louvor. Um jovem nobre e delicado vence o mal, despreza o mundo, entrega seu corpo, renuncia à afeição da família e escapa ao laço já armado das riquezas, pois estava provido de asas. De onde te vem esta sabedoria, filho? Não achamos tão grande nem nos anciãos de Babilônia. Estes, como diz o Apóstolo, mas não segundo sua doutrina, desejam fazer-se ricos neste mundo, caindo assim na tentação e nos laços do demônio. A sabedoria de nosso Hugo não é da terra, mas do céu. *Graças Te dou, Pai, porque ocultaste essas coisas aos sábios* (Mt 11,25), mas as revelastes ao pequenino. Tu, meu filho, não sejas ingrato diante dos benefícios do Redentor, deixa o espírito infantil, conservando-te, porém, como um pequeno quanto à malícia mas não quanto às más tendências. Que a aspereza de nossa Ordem não cause pavor a tua tenra idade. Lembra-te de que quanto mais áspero é o cardo mais suave é o tecido. Da mesma forma, é o modo de vida que molda a consciência. A suavidade de Cristo virá em teu socorro e a farinha do Profeta tornará agradável o prato repulsivo ao paladar. Se sentes o aguilhão das tentações, olha para a serpente de bronze elevada no lenho da cruz e sorve não tanto das feridas quanto dos peitos do Crucificado. Ele será para ti como uma mãe e tu serás para ele como um filho. Então os cravos não ferirão mais o Crucificado pois, passando através de suas mãos e pés, chegarão até os teus, unindo-os aos dele.

"3. *Mas os inimigos do homem são os de sua própria casa* (Mq 7,6). Na verdade não te amam mas buscam em ti sua alegria. De outro modo haveriam de ouvir ao nosso menino: *Se me amásseis certamente vos alegraríeis porque vou para o Pai* (Jo 14,18). "Se teu pai, diz São Jerônimo, coloca-se prostrado na soleira da porta, se tua mãe te mostra desnudado o seio que te amamentou e te penduram ao colo o sobrinho pequeno, passa por cima de teu pai e de tua mãe, e, com os olhos enxutos, voa para o estandarte da cruz . Nesse caso, é um gesto supremo de piedade ser cruel para ser fiel ao Cristo (Ep. 14,2)." Não te deixes comover pelas lágrimas frenéticas daqueles que choram por ver o filho do inferno transformar-se em filho de Deus. Ai, por que esses infelizes te desejam com tanta avidez? Que amor tão cruel é esse, ou antes, que afeição tão injusta? *Más conversas corrompem os bons costumes* (1Cor 15,33). Por isso, evita, quanto podes, filho, as conversas com os que te cercam, os quais, enquanto te enchem os ouvidos, esvaziam teu coração. Aprende a rezar a Deus, aprende a elevar o coração com as mãos, aprende a dirigir os olhos suplicantes aos céus e a apresentar tua face miserável ao Pai de misericórdia em todas as tuas necessidades. É indigno de Deus e um ato de impiedade supor que possa fechar para ti suas entranhas de misericórdia ou afastar seus ouvidos de teus gritos e gemidos. Quanto ao mais, procura seguir sempre os conselhos de teu pai espiritual como se fossem preceitos da majestade divina . *Faze isso e viverás* (Lc 10,28), faze isso e virá sobre ti a bênção, de tal forma que receberás o cêntuplo do que deixaste, ainda na vida presente. Não creias em quem te quer persuadir de que fostes precipitado e deverias ter adiado até uma idade mais madura tua decisão, crê antes no que disse: *É bom para o homem ter suportado o jugo do Senhor desde a adolescência. Sentar-se-á sozinho e se elevará acima de si mesmo* (Lam 3,27-28). Desejo que estejas bem e cultives a perseverança, pois só esta merecerá a coroa."

Carta 143 a seus monges de Claraval

Escrita da Itália, provavelmente no ano de 1135, portanto durante o período em que está totalmente envolvido na luta contra o cisma de Anacleto e, por isso mesmo, distante por longo tempo de Claraval, Bernardo aparece aqui não só como o monge que sente a falta de sua comunidade e de seu mosteiro mas sobretudo como o abade que exorta e se preocupa com a saúde espiritual de seu filhos espirituais, mostrando-lhes o ideal a seguir.

"Aos caríssimos irmãos de Claraval, monges, conversos e noviços, o irmão Bernardo deseja se alegrem sempre no Senhor.

"1. Medi pelo que vós mesmos sentis o que sinto eu. Se para vós é penosa minha ausência, que ninguém duvide de que para mim é mais penosa ainda. De fato não é igual nem o peso nem a dor, pois enquanto sentis a ausência de um só, pesa-me a separação de todos. Tenho tantas preocupações quantos sois vós, sofrendo com meu afastamento de cada um e temendo pelos perigos que enfrentam. Esta dupla dor não me deixará até que seja restituído aos que são frutos de minhas entranhas e estou certo de que experimentais os mesmos sentimentos a meu respeito. Mas eu sou um só. Por isso tendes um só motivo para vos entristecer e eu vários porque minha tristeza se refere a cada um de vós em particular. Sofro não só por ser obrigado a ficar distante de vós, ainda que seja apenas por algum tempo, pois, para mim, mesmo o reinar, sem a vossa companhia, seria uma espécie de miserável servidão, mas também porque vejo-me compelido a ocupar-me de coisas que muito perturbam aquele grato repouso e talvez convenham menos à vida que escolhi.

"2. Sabendo isso, não deveis vos indignar comigo mas antes apiedar-vos de minha ausência que não provém de minha vontade mas tem como causa a necessidade da Igreja. Espero contudo que não seja longa e peço que rezeis para que não seja infrutuosa. Considerai como um ganho o que tiverdes de padecer enquanto isso, pois trata-se da causa de Deus que, sendo benigno e tudo podendo, facilmente reparará os danos, cumulando-vos ainda de maiores dons. Por isso conservemos um bom ânimo, tendo Deus conosco, no qual estou presente a todos, qualquer que seja a distância que me separe de vós. Quem quer que, entre vós, se mostre fiel a seus deveres, humilde, temente a Deus, aplicado à leitura, atento nas orações ou solícito na caridade fraterna, não me julgue distante de si. Pois como não haverei de estar presente em espírito a esse se temos um só coração e uma só alma? Se, porém, entre vós, que Deus não o permita, há algum maldizente, cheio de falsidade, murmurador, contumaz em seus vícios, rebelde à disciplina, de espírito inquieto ou inconstante e que não se envergonha de comer seu pão apesar de sua ociosidade, deste permaneço longe em minha alma ainda que lhe esteja presente corporalmente, porque afastou-se de Deus, não tanto pela distância quanto pelo modo de viver.

"3. Neste ínterim, irmãos, *até que venha, servi ao Senhor com temor* (sl. 2,11), para poderdes servi-lo sem temor quando fordes libertados das mãos dos vossos inimigos; servi na esperança pois é fiel a suas promessas; servi ainda por seus méritos pois não há quem mereça mais ser servido. Embora me cale a respeito de outras coisas, um só motivo é suficiente para que reivindique para si a nossa vida: Ele ofereceu a sua por nós. Assim, ninguém mais viva para si mesmo mas para aquele que por nós morreu. Para quem com mais justiça haveria de viver senão para aquele graças ao qual não poderia viver se não tivesse morrido por mim? Para quem mais seria vantajoso viver a não ser para aquele que promete a vida eterna? E para quem seria mais necessário viver senão para aquele que ameaça com as chamas eternas? Mas eu o sirvo voluntariamente, pois a caridade me torna livre. A isso vos exorto de todo coração: servi-o com aquela caridade que expulsa todo temor, que não se cansa, não busca adquirir merecimento, não procura recompensa mas é mais forte que qualquer outro motivo. Nenhum terror impele tanto, nenhum prêmio motiva tanto e nenhuma justiça exige assim. Que esta mesma caridade vos una inseparavelmente a mim, torne-me presente a vós, especialmente nos momentos em que vos dedicais à oração, caríssimos e muito amados irmãos.

Sermões Diversos, n° 42, 4

Este trecho do sermão 42 é uma das passagens mais conhecidas de Bernardo a respeito da vida monástica. Nele encontra-se a famosa expressão paradisus claustralis.

"4. A segunda região é o paraíso do claustro. Sim, verdadeiramente o claustro é um paraíso, uma região protegida pela muralha da disciplina regular, onde se encontra uma fecunda abundância de mercadorias de grande valor. É algo glorioso ver homens unidos por um mesmo ideal habitarem em uma mesma casa. Como é bom e agradável viverem unidos os irmãos!

Repara: um chora seus pecados, outro exulta no louvor de Deus; este está a serviço de todos, aquele instrui aos demais; um reza, outro lê; um exerce a misericórdia, outro expia os pecados; um arde em caridade, outro é exemplar em sua humildade; um mostra humildade na prosperidade, outro sua grandeza de espírito na adversidade; um é operoso nos seus afazeres, outro repousa na contemplação. Vendo tudo isso poderás dizer: *Este é o acampamento do Senhor. Que lugar terrível é este* (Gn 32,2) *! Não é nada menos que a casa de Deus e a porta do céu* (Gn 28, 17).

Neste mercado, alma fiel, que vai reter tua atenção? Circula pelas virtudes dos que habitam juntos na casa do Senhor das virtudes e dela recolhe um pequeno fardo contendo um exemplo de vida. Tu que habitavas antes na região da morte, passa agora à região da vida e da verdade."

Sermões Diversos, n° 40, 7

*São Bernardo foi um monge que não só praticou um rigoroso ascetismo mas soube também ensinar com grande sabedoria e equilíbrio o caminho da ascese, sem a qual não julgava possível a verdadeira mística. Este texto e o seguinte (*Apologia VII*) mostram sua madura experiência a esse respeito.*

"7. A quinta etapa é a mortificação da carne, que inclui três exigências. Convém que seja realizada ocultamente, com a devida permissão e discrição. Subjuga, através de um martírio constante, teus membros delicados e habituados ao prazer e aprende agora a te absteres do que é lícito, tu que te lembras de te teres entregue tantas vezes ao ilícito. Mas isso deve ser feito de forma oculta, *para que não saiba tua esquerda o que faz tua direita* (Mt 6,3). Não é prudente confiar à boca dos homens um tão grande bem mas guarda-o no segredo de teu coração para que tua glória seja o testemunho de tua própria consciência. Não quero dizer com isso que não deva brilhar tua luz aos olhos dos homens para que glorifiquem o teu Pai que está nos céus, mas sim que não faças tua motivação depender de uma glória vil e passageira. Há algo mais triste que mortificar aqui a carne com jejuns ou afligi-la com vigílias para agora receber a glória e depois a condenação do inferno?

Por isso convém praticar a mortificação com licença, pois tudo que é feito com a permissão do pastor é mais agradável aos olhos de Deus. O Altíssimo recebe com particular satisfação o sacrifício que não é fruto da vontade própria mas sim do preceito do superior. Ajuda muito no combate à soberba a renúncia à vontade própria, que, porém, não pode ser vencida por quem ama a vaidade deste mundo.

É muito importante também, a esse respeito, conservar uma certa prudência, para que, flagelando em excesso o corpo, não venhamos a perder a saúde ou, querendo vencer o inimigo, matemos aquele que desejamos salvar. Leva pois em consideração não só o teu corpo mas também suas possibilidades e tua compleição física. Modera tua mortificação. Já vimos muitos que no princípio, agindo com imprudência, maltrataram tanto a carne que depois tornaram-se incapazes para o louvor divino e passaram a dedicar o tempo ao cuidado de si mesmos numa vida de larguezas."

Apologia VII, 13

"Talvez me perguntes: Insistes tanto nos exercícios espirituais que acabas por condenar os corporais previstos pela Regra? Absolutamente. É preciso fazer isso sem deixar aquilo. E se fosse necessário deixar algo, seria o caso de conservar os espirituais e abandonar os corporais. Assim como o espírito é mais importante que o corpo, da mesma forma os exercícios espirituais são mais frutuosos que os corporais. Quando te ensoberbeces pela observância destes, desprezando os que não os observam, não te mostras um transgressor da Regra que guarda as coisas de menor importância e esqueces as melhores, a respeito das quais Paulo disse: *Desejai os dons mais perfeitos* (1Cor 12,31)?

Fazendo pouco dos irmãos para te exaltares a ti mesmo, perdes a humildade, ao rebaixá-los, afastas-te da caridade. Estes são os dons mais perfeitos. Tu castigas teu corpo nesta terra com muitos e excessivos trabalhos e mortificas teus membros com as asperidades regulares. Fazes bem. E que será se julgares aquele que não age assim, pouco se dedicando aos exercícios corporais cuja utilidade é pequena, mas esse mesmo for mais observante que tu no que se refere ao que é útil para tudo, isto é, a piedade? Quem de vós, crês, cumpre melhor a Regra? Não é acaso o que cumpre melhor o que é melhor? E quem é melhor, o que mais se fatiga com trabalhos ou o mais humilde? Não é aquele que aprendeu do Senhor a ser doce e humilde de coração e que, como Maria, escolheu a melhor parte que não lhe poderá ser tirada?"

Sexto Sermão para a Ascensão, 7 e 8

Muitas vezes o ensinamento monástico do abade de Claraval revestiu a forma da condenação dos erros e dos vícios dos monges, seja contrapondo-os ao procedimento virtuoso, de maneira a fazer mais translúcido o ideal, seja apenas para, através dela, levar à conversão e purificação das consciências. Esta passagem do sexto Sermão para a Ascensão e o trecho do 46º Sermão sobre o Cântico, apresentado a seguir, oferecem bons exemplos disso.

"7. Em quase todas comunidades religiosas encontramos homens cheios de consolação, transbordantes de júbilo, sempre alegres e bem-humorados, fervorosos de espírito, meditando noite e dia a lei do Senhor, com os olhos fixos no céus e as mãos puras elevadas em oração. Examinam com cuidado suas consciências e são zelosos nas boas obras. Para eles a disciplina é cara, os jejuns suaves, as vigílias breves, o trabalho manual agradável e tudo mais de seu austero modo de vida lhes parece como um descanso.

Ao contrário, é possível achar homens débeis e relaxados, fraquejando sob o peso da disciplina e necessitando das esporadas e das varas. Sua aparente alegria oculta a tristeza dos fracos, sua compunção é breve e rara. Pensam e sentem de maneira mais animal que espiritual. Seu modo de vida reflete tibieza e obedecem sem devoção. Não são refletidos no falar, rezam sem pureza de intenção e não se edificam com a leitura. A esses quase não comove o medo do inferno. O pudor não os contém, a razão não os detém, nem a disciplina pode coagi-los. Não te parece que sua vida é já quase um inferno porque neles a razão e o afeto combatem-se mutuamente? Precisariam agir com toda fortaleza mas não tomam do alimento que sustenta os fortes e, por isso mesmo, sofrem as tribulações destes porém não experimentam suas consolações. Despertemos nós que assim vivemos, emendemo-nos com um coração sincero, retifiquemos nossa intenção abandonando essa perniciosa tepidez, não só porque é perigosa para nós mas sobretudo porque faz com que Deus, não nos achando nem quentes nem frios, nos vomite, enquanto miseravelmente nos entregamos ao choro. Extremamente danosa, só nos traz misérias e sofrimentos e nos põe muito perto do inferno. É, como bem se diz, à sombra da morte.

"8. Se buscamos as coisas do alto, é preciso que nos esforcemos desde agora para saboreá-las e delas ter um antegozo. Talvez não seja fora de propósito aplicar à razão e ao afeto esse preceito do Apóstolo de buscar e saborear as coisas do alto. Empenhemo-nos assim em elevar a Deus com as mãos os nossos corações, ou seja, como foi dito anteriormente, com os seus membros principais, que são nossos piedosos esforços e exercícios espirituais. Todos, se não me engano, buscamos as coisas do alto com a inteligência da fé e o juízo da razão. Mas nem todos as saboreamos igualmente porque, arrastados pelo afeto, nos deixamos empanturrar com as coisas da terra.

De onde vem pois a grande diversidade de espíritos, a disparidade de esforços e a diferença no modo de vida de que antes falamos? Como explicar tanta pobreza de graças espirituais em uns e tanta abundância em outros? Por certo Aquele que as distribui não é avaro nem delas carece, mas quando não há recipientes vazios o óleo não pode ser derramado. Já o amor do mundo penetra em toda parte, infiltra-se seja com suas consolações, seja com suas desolações, irrompe pelas janelas, ocupa a mente, mas não a daquele que disse: *Minha alma não se deixa consolar, recordei-me de Deus e me alegrei* (sl. 76,3-4). O gozo santo e espiritual afasta-se do espírito preocupado com os desejos mundanos, pois não podem misturar-se as coisas verdadeiras com as vãs, as eternas com as caducas, as espirituais com as corporais, as mais elevadas com as mais baixas, nem ser saboreadas ao mesmo tempo as coisas do alto e as da terra."

Sermão sobre o Cântico 46, 5-6

"5. Pois bem, tu que escutas ou lês as palavras do Espírito Santo que estamos comentando, crês poderem ser aplicadas a ti ou reconheces em ti a felicidade da esposa cantada pelo mesmo Espírito neste poema de amor, para que não se diga também de ti que *ouves sua voz mas não sabes de onde vem nem para onde vai* (Jo 3,8)? Talvez aspires à paz da contemplação e fazes bem, apenas não esqueças das flores com que o leito da esposa é ornado, como podes ler no texto. Por isso cuida também tu de cobrir o teu com as flores das boas obras e da prática das virtudes, de modo que o santo ócio seja por elas preparado como o fruto é preparado pela flor. Agir de outro modo seria querer o leve sono que vem de uma delicada ociosidade mas não o repouso que sucede aos trabalhos, ou então, negligenciando a fecundidade de Lia, desejar apenas ser envolvido pelos abraços de Raquel. Tal como exigir o prêmio antes do mérito ou tomar o alimento antes do trabalho, isso seria uma completa inversão da justa ordem das coisas, pois diz o Apóstolo: *Quem não trabalha também não deve comer* (2Tes 3,10). *Observando teus preceitos adquiri a sabedoria* (sl. 118,104), diz a Escritura, para que saibas que só poderás experimentar o gosto da contemplação se obedeceres aos mandamentos. Não julgues que o amor de tua própria quietude haverá de te afastar da santa obediência ou tradições dos mais velhos. Se assim não fosse, teu esposo não dormiria contigo em um mesmo leito porque este estaria coberto não com as flores da obediência mas pelas urtigas e cicutas da desobediência. Por essa razão não ouviria tuas orações nem acudiria ao teu chamado. Como poderia Aquele que tanto amou a obediência e preferiu morrer a desobedecer conceder algo de sua riqueza ao desobediente? Da mesma forma não aprova o ócio estéril de tua contemplação, pois disse pelo Profeta: *Trabalhei até me esgotar* (Is 1,14), indicando assim o tempo em que, exilado do céu e da pátria do perfeito repouso, realizou na terra a obra de nossa salvação. Temo antes que te sejam dirigidas aquelas terríveis palavras com as quais clamava contra a dureza de coração dos judeus: *Não tolero vossas luas novas, sábados e assembléias* e, também, *Detesto vossas solenidades e festas, são para mim abomináveis* (Is 1,13-14). Então o Profeta chorará por ti e dirá: *Os inimigos a viram e desprezaram seus sábados* (Lm 1,17). Como não há de rir-se o inimigo daquele que repudia seu amado?

"6. Admiro-me muito da falta de pudor de alguns que vivem entre nós e nos perturbam com suas singularidades, nos irritam com sua impaciência, nos contaminam com sua desobediência e, mesmo assim, ousam convidar, com instante oração, o Senhor de toda pureza para o leito imundo de sua consciência. Ele mesmo diz: *Quando estendeis vossas mãos afasto meus olhos e mesmo que multipliqueis vossas orações não as ouvirei* (Is 1,15). O quê? O leito não está coberto por flores, exala mau cheiro e queres atrair para ele o Rei da glória? Fazes assim para que se repouse ou para afrontá-lo? O centurião não quis que entrasse em sua casa em razão de sua indignidade, embora, por sua fé, merecesse ser exaltado em todo Israel e tu o forças a entrar estando manchado por tantos vícios? Clama o Príncipe dos Apóstolos: *Afastai-vos de mim, Senhor, porque sou um homem pecador* (Lc 5,8), mas tu dizes: Entra em mim, Senhor, porque sou santo? *Sede todos,* diz, *unânimes na oração* (1Pe 2,17), amai a fraternidade. E o vaso de eleição diz: *Levantando vossas mãos puras, sem ira nem contendas* (1Tm 2,8). Não vês como concordam entre si o Príncipe dos Apóstolos e o Doutor das Gentes quando falam com um mesmo espírito acerca da paz e tranqüilidade de ânimo que deve ter aquele que ora? Caminha também tu assim todo dia, estende tuas mãos para Deus, tu que molestas os irmãos cada dia, destruindo a concórdia e separando-te da unidade."

5. O tema da mútua busca do Verbo e do homem

O ponto de partida de toda a vida espiritual ou da mística, segundo São Bernardo, é o desejo do Verbo de buscar a sua criatura e ser buscado por ela. As vicissitudes dessa busca mútua estão narradas sobretudo em sua série de sermões sobre o Cântico dos Cânticos, embora se possa dizer que esse é um tema recorrente em sua obra.

Pe. Luis Alberto Ruas Santos O. Cist.

Sermão sobre o Cântico 84, 5-7

"5. Procurei, diz a Esposa, aquele que minha alma ama. A isso convida-te Aquele que se antecipa em sua benignidade e primeiro te procurou e te amou. De maneira alguma poderias procurá-lo se não tivesses sido procurada primeiro, nem amar se não tivesses sido amada primeiro. Antecipou-se a ti não apenas com uma mas duas bênçãos, a da busca e a do amor. O amor é a causa da busca e a busca fruto do amor, a certeza de sua existência. Fostes amada para não suspeitares que te procurava para castigar-te, fostes procurada para não julgares que seu amor era vão. Esta dupla e suave benignidade é tão patente que te infunde coragem, repele todo temor e faz com que queiras voltar excitando teu afeto. Daí vem o zelo, daí o ardor para buscares Aquele que tua alma ama, pois seguramente não poderias buscar se não tivesses sido buscada nem agora podes deixar de buscar tendo sido buscada.

"6. Mas não te esqueças de onde vieste para chegar até aqui. E como é melhor e mais seguro aplicar a mim mesmo o que vou dizer, responde-me, ó minha alma, não foste tu que, deixando teu primeiro esposo, com quem estavas tão bem, faltaste a teu primeiro compromisso, para ir atrás de teus amantes? E agora, após ter fornicado com eles quanto quiseste, talvez até por eles desprezada, ousas, de forma afrontosa e sem pudor, querer voltar para Aquele que, cheia de soberba, por tua vez desprezaste? O quê? Merecedora das trevas buscas a luz? Corres para o esposo quando és mais digna de açoites que de beijos? É de admirar que não encontres o juiz em lugar do esposo. Feliz aquele cuja alma, assim interpelada, pode dizer: "Não temo porque amo e não agiria desse modo se não fosse verdadeiramente amada. Por isso sou também amada." Nada pode temer a que é amada. Que temam os que não amam. Por que não haveriam de suspeitar ser objeto de inimizade? Eu porém, amando, não posso duvidar que me ama, assim como não duvido que o amo. Nem posso temer a face daquele de quem experimentei a afeição. De que modo? Não apenas buscou-me apesar de ser o que era, mas também afeiçoou-se a mim e, desta forma, deu-me a certeza de ser buscada. Por que não haveria de buscar também Aquele a quem procuro corresponder na afeição? Acaso irritar-se-ia ao ser buscado Aquele que, quando desprezado, procurava dissimular a ofensa? Mais que isso, repeliria a que busca tendo buscado a que desprezava? O espírito do Verbo é benigno e comunica-me coisas benignas, informando-me e persuadindo-me do zelo bom e do desejo que o movem e que, por certo, não podem ficar guardados só para si. Perscruta os altos desígnios de Deus e sabe que tem pensamentos de paz e não de aflição. Como não me sentiria animada a buscá-lo tendo experimentado sua clemência estando persuadida de que deseja a paz?

"7. Irmãos, estar persuadido disso é ser buscado pelo Verbo, ter essa certeza é ser achado por ele. Mas nem todos compreendem isso. Que faremos com esses nossos pequeninos – falo daqueles que, entre nós, são incipientes mas não insipientes, pois possuem já um início de sabedoria – que se submetem uns aos outros no temor de Cristo? Como os faremos crer que de fato ocorre assim com a esposa já que não têm ainda em si mesmos tal experiência? Remetê-los-ei a alguém em cuja experiência não podem deixar de crer. Leiam na Escritura o que se diz do coração de outro, pois não podem crer no que não vêem. Está escrito nos Profetas: *Se um homem repudia sua mulher e ela, estando separada, casa-se com outro homem, acaso o primeiro voltará para ela? Não está manchada e contaminada essa mulher? Tu, é certo, fornicaste com muitos amantes, mas volta para mim, diz o Senhor, e eu haverei de te acolher* (Jr 3,1). Estas são palavras do Senhor, não se pode deixar de crer nelas. Creiam pois os que não têm a experiência para que, pelo mérito da fé, obtenham seu fruto. Penso que já expliquei suficientemente o que é ser buscada pelo Verbo e que isso é uma necessidade não do Verbo mas da alma, mas quem disso tem a experiência haverá de compreender melhor e de maneira mais feliz. Só nos resta ensinar no próximo sermão às almas sedentas de buscar Aquele que as buscou primeiro, ou melhor, aprender daquela de quem se diz que procura o que sua alma ama, o Esposo da alma, Jesus Cristo, Nosso Senhor, que é Deus bendito para sempre."

6. Uma mística sólida e realista

Na terceira parte desta introdução foi abordado o tema do moralismo místico de São Bernardo. Sua mística não se separa da ascese que é uma exigência evangélica para todo cristão e não apenas para os monges, ainda que estes tenham sua forma própria de praticá-la. A vontade humana e o desejo, orientados e fortalecidos pela graça, têm aqui um papel fundamental. O resultado é uma mística sóbria, em que o Cristo é por certo abraçado com toda a doçura do amor que a natureza humana pode já nesta vida experimentar, mas que também leva ao aprofundamento da conversão e dela deriva.

Terceiro Sermão para a Ascensão, 1-2; 6-8

"1. Hoje o Senhor dos céus penetrou no mais alto dos céus pela força de seu poder e, deixando para trás a fraqueza da carne que se dissipou como uma nuvem, revestiu-se com a veste da glória. O Sol elevou-se ao meio do céu, irradiando calor e fortalecendo-se. Expandiu e multiplicou seus raios sobre a terra *e não há quem possa furtar-se a seu calor* (sl. 18,3). A Sabedoria de Deus retorna à região da sabedoria, onde todos compreendem e buscam o bem, e dispõem-se com todo o desejo da vontade e inteligência perspicaz *a ouvir as suas palavras* (sl. 102,20). Nós porém estamos nesta outra região repleta de malícia e pobre de sabedoria, pois *o corpo que se destina à corrupção oprime a alma e essa habitação terrena ofusca o espírito sugerindo-lhe uma multidão de pensamentos* (Sb 9,15). Por "espírito" creio dever entender-se aqui a inteligência que fica ofuscada quando pensa em muitas coisas e não se concentra na meditação única e una a respeito daquela cidade em que todas as partes formam um conjunto harmonioso. E assim a inteligência torna-se opaca e dispersa em muitas coisas, de muitas e diversas maneiras. Por "alma" julgo que devemos entender os afetos que sofrem a influência das diferentes paixões enquanto estamos neste corpo de corrupção e que só podem ser moderadas, não digo curadas, se a vontade buscar uma só coisa e para ela tender com todas as suas forças.

"2. Há portanto duas coisas que devemos purificar: a inteligência, para que conheça sem erro e o afeto, para que a vontade queira de maneira ordenada. Elias e Henoc, esses dois varões, são verdadeiramente felizes, pois foram poupados de tudo que lhes pudesse enfraquecer a inteligência ou a vontade. Puderam, por isso mesmo, viver só para Deus e só a Ele conheceram e desejaram. De fato, de Henoc pode-se ler que *foi arrebatado para que a malícia não afetasse sua inteligência, nem a sedução pervertesse sua alma* (Sb 4,11). Nossa inteligência estava turbada, para não dizer cega, e nosso afeto manchado, muito manchado. Mas Cristo ilumina a inteligência e o Espírito purifica o afeto. Veio o Filho de Deus e operou tantas e tais maravilhas na terra que afastou nossa inteligência das coisas deste mundo para que nunca esgotássemos a meditação dos prodígios que realizou. Na verdade deixou um campo amplíssimo para o exercício da inteligência e uma torrente tão grande de coisas para meditarmos que se assemelha àquela que, segundo o Profeta, não podia ser transposta. Há alguém capaz de compreender como o Senhor do universo já se antecipava em seu cuidado por nós, como veio até nós e nos socorreu, desejando Ele, a divina majestade, morrer para que vivêssemos, ser escravo para que reinássemos, exilar-se para que fôssemos repatriados e abaixar-se até os trabalhos mais vis para que fôssemos estabelecidos acima de todas as suas obras?"

"6. Não tenho a menor dúvida de que a inteligência de todos vós que aqui estais foi iluminada, mas vejo também sinais evidentes de que o afeto não foi em todos purificado. Conheceis o bem, o caminho a seguir e como deveis nele andar, porém a vontade não está igualmente unificada em cada um. Alguns não apenas andam mas correm e até voam no que se refere aos exercícios dessa vida e desse caminho. Para estes as vigílias parecem breves, a comida agradável, o grosseiro pão suave e os trabalhos não só suportáveis mas desejáveis. Para outros é o contrário, com o coração árido e uma vontade rebelde, nada disso os atrai, mas são movidos, e assim mesmo com dificuldade, pelo temor do inferno. Pobres e miseráveis, compartilham as tribulações dos primeiros, mas não suas consolações. Porventura a mão do Senhor se teria encurtado a ponto de não poder dar igualmente a todos, ele que abre sua mão e cumula de bênçãos toda criatura? De onde viria isso? Simplesmente do fato de que não vêem quando o Cristo lhes é tirado, ou seja, não percebem que os deixa órfãos e que são peregrinos e estrangeiros sobre a terra, distantes do Cristo enquanto permanecem no horrível cárcere deste corpo imundo. Assim, se tiverem que viver por largo tempo sob um tal peso, ou sentir-se-ão oprimidos e sucumbirão ou viverão como se, de certo modo, estivessem no inferno sem jamais experimentar o alívio da luz das misericórdias do Senhor nem daquela liberdade de espírito que é a única capaz de tornar o jugo suave e o fardo leve.

"7. A causa dessa nefasta fraqueza de espírito é o fato de não ter sido purificado seu afeto, isto é, sua vontade. Conhecem o bem mas não o desejam na mesma medida pois são arrastados e vencidos pela própria concupiscência. Amam, em sua carne, essas pequenas consolações terrenas que encontram numa palavra, num gesto, num ato ou em qualquer outra coisa e, se as deixam, não o fazem por muito tempo. É por isso que raramente dirigem seu afeto para Deus e sua compunção não é duradoura mas de um momento. Tais almas não podem gozar das visitas do Senhor porque estão inteiramente tomadas por essas distrações. Com efeito, tanto mais a alma se esvazia destas, mais se enche daquelas, se muito, muito, se pouco, pouco. Experimenta e verás que as duas não podem jamais estar juntas pois onde não há vasos vazios o óleo não pode ser derramado ou só se põe vinho novo em odres novos para que ambos se conservem. Não podem habitar juntos o espírito e a carne, o fogo e o que é morno, mesmo porque o que é morno costuma fazer Deus vomitar.

"8. Portanto, se os Apóstolos, ainda presos à carne do Senhor, a única santa, pois era a carne do Santo dos santos, não puderam ficar cheios do Espírito Santo até que Ele lhes fosse tirado, como esperas receber este Espírito puríssimo, tu que tens apego e estás inteiramente preso a tua carne sórdida e cheia de imagens imundas, sem antes procurar renunciar completamente a essas consolações carnais? Na verdade, quando começares a fazer isso, a tristeza invadirá teu coração, mas se perseverares, tua tristeza transformar-se-á em alegria. Terás então teu afeto purificado e a vontade renovada, ou melhor, novamente criada, de tal forma que tudo o que antes te parecia difícil e até impossível, haverá de te parecer doce e muito desejável. *Envia*, diz, *teu Espírito e tudo será criado e renovareis a face da terra* (sl. 103,30). Assim como o homem é conhecido exteriormente por sua face, a vontade é que revela seu interior. Vindo o Espírito a face da terra é criada e renovada, isto é, a vontade terrena transforma-se em celeste, pronta a obedecer antes de ser mandada. Felizes os que são assim pois não somente não sentem mais o peso do mal mas vivem sempre, coisa admirável, com o coração dilatado. Dos outros de que falamos acima, porém, diz Deus estas palavras terríveis: *Meu espírito não permanecerá nesses homens porque são carne* (Gn 6,3), isto é, carnais, porque tudo o que neles era espírito se desvaneceu na carne."

7. As diferentes espécies de amor

Bernardo distingue, com propriedade, no contexto de sua teologia espiritual, o amor afetivo do efetivo e o amor carnal do espiritual. Estas distinções encontram-se explicadas de forma muito feliz em um mesmo sermão, a seguir apresentado.

Sermão sobre o Cântico 20, 4, 8 e 9

"4. Aprende, ó cristão, do próprio Cristo, como deves amá-lo. Aprende a amar docemente, prudentemente e fortemente. Docemente para não te deixares seduzir, prudentemente para não seres enganado e fortemente para, oprimido, não te afastares do amor do Senhor. A fim de que as vaidades do mundo ou a volúpia da carne não te arrastem, seja para ti o Cristo em sua sabedoria mais doce que essas. Para que não sejas seduzido pelo espírito do erro e da mentira, brilhe diante de ti a verdade de Cristo. Enfim, para que não sucumbas sob o peso das adversidades, possa o Cristo, força de Deus, ser também a tua força. Que a caridade inflame teu zelo, o conhecimento da verdade o ordene e a constância o fortifique. Seja ele fervoroso, sóbrio e invencível. Não seja morno, não careça de discrição nem conheça tibieza. Não vês que essas três qualidades te foram ensinadas pela lei quando Deus disse: *Ama o Senhor teu Deus com todo teu coração, com toda tua alma e com todas as tuas forças* (Dt 6,5)? A mim me parece, se acaso não se pode descobrir um sentido mais exato para essa tripla distinção, que o amor do coração diz respeito ao zelo da afeição, o amor da alma refere-se à sagacidade e ao julgamento da razão e o amor com todas as forças indica a constância ou o vigor do espírito. Ama, pois, o Senhor teu Deus com a plena e total afeição do coração, ama com toda a vigilância e prudência da razão, ama ainda com todas as forças, para que nem mesmo temas dar a vida por seu amor como está escrito: *O amor é forte como a morte e seu zelo inflexível como o inferno* (Ct 8,6). Que o Senhor Jesus seja suave e doce para teu afeto, um antídoto contra o mal e as doces tentações da vida carnal, para que a doçura vença a doçura, como um cravo expulsa outro. Seja uma luz que ilumine o entendimento e o guia da razão não apenas para livrar-te das ciladas dos heréticos e proteger a pureza de tua fé de suas argúcias, mas também para que sejas prudente e saibas evitar os exageros e um zelo indiscreto em tua vida de religioso. Seja ainda teu amor forte e constante para que não ceda ao temor e não sucumba sob o peso dos trabalhos. Portanto, amemos afetuosamente, sobriamente e com força, conscientes de que o amor do coração que chamamos afetuoso, sem o amor que dizemos ser da alma, é doce mas vulnerável diante da sedução. E o amor da alma, sem o amor que é força, é racional mas frágil.

"8. Embora essa devoção à carne de Cristo seja um dom e um dom apreciável do Espírito, chamo a esse amor carnal em relação àquele outro que não se prende tanto ao Verbo-Carne mas saboreia o Verbo que é sabedoria, justiça, verdade, santidade, piedade, força ou qualquer outra qualidade que se lhe possa atribuir. Tudo isso é o Cristo que, *por Deus, fez-se para nós sabedoria, justiça, santificação e redenção* (1Cor 1,30). Ou julgas que são afetados igualmente e da mesma maneira aquele que, diante da paixão de Cristo, experimenta compaixão e compunção, comove-se facilmente com a lembrança de tudo aquilo que sofreu, alimenta-se com a suavidade dessa devoção e sente-se assim fortalecido para toda obra saudável, piedosa e honesta e aquele outro que está sempre inflamado pelo zelo da justiça, luta em toda parte pela verdade, arde de desejo pela sabedoria, tem como amigas a santidade de vida e a boa disciplina dos costumes, envergonha-se da jactância, detesta a detração, desconhece a inveja, odeia a soberba, foge de toda glória humana e a despreza como que enfastiado, abomina com grande veemência e combate toda impureza que percebe em sua carne e em seu coração, enfim, naturalmente desdenha todo mal e abraça todo bem? Se porventura comparas essas duas formas de amar não vês ser a segunda de certo modo superior à primeira que é como um amor carnal?

"9. Mas esse amor carnal é bom porque por ele se exclui a vida carnal e é possível vencer e desprezar o mundo. Nele se progride quando torna-se também racional e chega a ser perfeito quando faz-se espiritual. É racional se, em tudo o que devemos conhecer a respeito do Cristo, a razão da fé mantém-se firme, de modo que nenhuma aparência de verdade e nenhum desvio herético ou diabólico pode afastar da pureza da doutrina da Igreja. Da mesma forma, é também racional quando se conserva no próprio modo de vida uma prudente cautela que não permite fugir à discrição seja por qualquer superstição, leviandade ou por um exagerado fervor de espírito. E isso, como já dissemos antes, é amar com toda a alma. Se, porém, com a ajuda do Espírito, ascendermos a um vigor tal que nenhum tormento ou pena, nem mesmo o temor da morte nos afaste da justiça, então estaremos amando com todas as forças e nosso amor é já agora espiritual. Creio que merece ser chamado assim porque nele se manifesta a plenitude do espírito. Com isso julgo ter explicado de forma suficiente aquela palavra da esposa: *Por essa razão as donzelas te amam tanto* (Ct 1,2)."

8. Características e propriedades do amor esponsal que une a alma ao Verbo

Sermão sobre o Cântico 83, 2-6

Encontramos neste sermão, entre outros, os dois aspectos mais importantes da doutrina do amor de Bernardo: sua identificação com o acordo ou união das vontades e sua caracterização como o único meio de que dispõe o homem para dar ao Deus que o busca uma resposta adequada.

"2. Por que a alma estaria ociosa? A capacidade de agir é um grande dom da natureza e, se a alma permanece inativa, os demais dons naturais não ficarão perturbados e como que cobertos pela ferrugem da velhice? Isso seria uma injúria ao Criador. O próprio Deus, nosso autor, quis deixar um sinal permanente de sua generosidade divina na alma, para que sempre conservasse em si aquela semelhança com o Verbo que a fizesse sentir-se em todo tempo chamada a estar com Ele ou retornar, caso dele se tivesse afastado. Não se afasta mudando de lugar ou caminhando com os pés mas, como substância espiritual que é, com os seus afetos ou defeitos, caindo no pior de si mesma, ao tornar-se dessemelhante e degenerada pela maldade de sua vida e de seu proceder. Contudo, tal dessemelhança não é a destruição de sua natureza mas um vício que a afeta e que, de certo modo, não só ressalta, pela comparação, sua bondade original mas também a torna manchada se o contrai. Assim, o retorno da alma é sua conversão ao Verbo que a reforma e a conforma a Ele. Diz, com efeito, a Escritura: *Sede imitadores de Deus, como filhos caríssimos, e caminhai no amor, como também Cristo vos amou* (Ef 5,1).

"3. Tal conformidade desposa a alma com o Verbo, a quem já é semelhante por natureza, porque a faz semelhante também pela vontade, amando como é amada. Se ama perfeitamente contrai núpcias. Que proporciona mais alegria que essa conformidade? Que há de mais desejável que essa caridade que faz com que tu, ó alma, não satisfeita com os ensinamentos humanos, te aproximes cheia de confiança do Verbo, a Ele sempre te unas, o interrogues com familiaridade e o consultes em tudo, tornando-te tanto mais ousada em teus desejos quanto mais capaz és na inteligência? Esse é um santo e espiritual contrato de casamento. Disse contrato? Disse pouco. Trata-se de um abraço, onde um mesmo querer e não querer faz de dois um só espírito. Nem há que temer que a desigualdade das pessoas torne frágil de algum modo o acordo das vontades, pois o amor afasta todo temor reverencial. Amor deriva de amar, não de honrar. Honra quem sente horror, estupor, medo ou admiração. Quem ama não experimenta tais sentimentos. O amor basta-se a si mesmo, absorve em si e a si submete os demais afetos quando chega. É por isso que quem ama, apenas ama e nada mais quer saber. Aquele que merece ser honrado, admirado e é capaz de causar estupor prefere ser amado. São esposo e esposa. Que outro liame ou necessidade poderia haver entre esposos além de amar e ser amado? Um tal nexo é mais forte até que o laço mais estreito gerado pela natureza, o vínculo entre pais e filhos. Como está escrito: *por isso deixará o homem seu pai e sua mãe e se unirá a sua esposa* (Mt 19,5). Vês como esse afeto que existe entre os esposos é mais poderoso que os demais e até mais poderoso que si mesmo?

"4.... O amor não pede outra causa ou fruto além de si mesmo. Amo porque amo, amo para amar. Grande coisa é o amor se porém volta a seu princípio e a sua origem, retornando a sua fonte para dela tirar a força para continuar a fluir. O amor é o único entre todos os movimentos, sentimentos e afeições da alma com o qual a criatura pode responder a seu Autor, não com plena igualdade mas de uma maneira bastante semelhante. Assim, por exemplo, se Deus se torna irado contra mim, acaso poderei eu irar-me também? Por certo não, terei medo, tremerei e pedirei perdão. Se me repreende não o repreenderei por minha vez mas procurarei justificar-me. Igualmente se me julga não devo julgá-lo também mas hei de adorá-lo. Ao salvar-me não me pede para ser salvo, pois não tem necessidade de ser libertado quem a todos liberta. Se apresenta-se como meu Senhor, devo servi-lo, se ordena, cabe-me obedecer e não exigir outro serviço ou favor em troca. Vês assim que, no que diz respeito ao amor, tudo é diferente. Pois quando Deus ama não quer senão ser amado. Na verdade, só ama para ser amado, sabendo que os que se amam serão felizes por seu próprio amor.

"5. Grande coisa é o amor, mas comporta diferentes graus. O da esposa é o mais elevado. Os filhos amam pensando na herança e, no temor de perdê-la, quanto mais reverenciam aquele de quem a esperam, menos amam. Suspeito do amor que é sustentado pela esperança de receber alguma outra coisa. É fraco aquele que, perdida a esperança, diminui ou se extingue. O que deseja outra coisa é impuro. Pois o amor puro não é mercenário, não tira sua força de qualquer esperança nem sofre dano com a desconfiança. Este é o amor da esposa, e é assim justamente porque é esposa, qualquer que seja. Nela o amor e a esperança são uma só coisa. A esposa possui este amor em abundância e disso se alegra o esposo. Este não pede mais nem a esposa possui outra coisa. Eis o que os faz esposo e esposa. Este amor é próprio dos esposos, ninguém mais o atinge, nem o filho...

"6. É pois com razão que a esposa renuncia a todos os demais afetos e entrega-se toda exclusivamente ao amor, respondendo assim ao que é amor com um amor recíproco. Mesmo entregando-se toda no amor, que é isso se comparado àquela fonte de onde flui eternamente o amor? Não fluem com a mesma abundância o amante e o Amor, a alma e o Verbo, a esposa e o Esposo, o Criador e a criatura, assim como não se eqüivalem o que tem sede e a própria fonte. Que dizer então? Serão vãos ou impossíveis de realizar o anseio da esposa, o desejo da que suspira, o ardor da que ama ou a confiança da que espera já que não pode correr no mesmo passo que o gigante, como o que é apenas doce não se compara ao mel, nem a suavidade com o próprio cordeiro, a claridade com o sol ou a caridade com o que é a caridade mesma? Não. Contudo, ainda que a criatura ame menos, pois é menor, se ama com toda sua capacidade, nada falta a seu amor que foi tão intenso quanto podia ser. Por isso, como disse, amar assim é contrair núpcias, porque não pode amar dessa forma e ser pouco amada. No pleno consenso de dois está o perfeito e íntegro matrimônio. A menos que alguém duvide que a alma é amada primeiro e mais intensamente que o Verbo. Mas não, sempre adianta-se no amor e a vence. Feliz aquela que mereceu que se lhe antecipasse com tão grande e doce bênção! Feliz aquela a quem foi dado experimentar abraço tão suave! Tudo isso não é mais que o amor casto e santo, suave e doce, tão sereno quanto sincero, amor mútuo, íntimo e forte que une dois não em uma só carne mas em um só espírito, como diz Paulo: *Quem se une a Deus é um só espírito com Ele* (1Cor 6,17)."

9. As visitas do Verbo

Mesmo na mística discreta de Bernardo não deixa de haver lugar para o aspecto unitivo e fruitivo que é próprio do verdadeiro amor. Os três textos abaixo falam da experiência – incluindo a sua própria – doce e forte da presença do Verbo na alma que ama.

Sermão sobre o Cântico 32, 2-3

"2. Portanto, se, para alguns de nós, como para o santo Profeta, é bom estar junto de Deus, ou, para falar mais claramente, se algum de nós é um homem de desejos que anseia ser dissolvido para estar com Cristo, nisso pensa com freqüência, com sede ardente e toda a veemência da vontade, esse com certeza receberá o Verbo como esposo no tempo de sua visita, ou seja, quando sentir-se envolvido interiormente pelos braços da sabedoria e invadido pela suavidade do santo amor. Mesmo se ainda está peregrinando nesse corpo mortal, o desejo de seu coração lhe será concedido (sl. 20,3), embora parcialmente e apenas por um certo e breve tempo. Buscado com muitas lágrimas, preces e vigílias, quando se pensa poder retê-lo, escapa. Voltando ao que chora e o persegue com todo empenho de seu coração, deixa-se apanhar mas não permite que o retenham, e, de novo, escapa de repente das mãos que o prendem. Mas se a alma devota insiste em suas preces e prantos, retornará e não se furtará ao desejo que seus lábios manifestaram. Mais uma vez desaparecerá e não será visto até que novamente seja buscado com toda força do desejo. Assim pode-se experimentar com freqüência a alegria pela presença do esposo neste corpo, mas jamais de forma muito intensa, pois, ainda que sua visita cause alegria, sua precariedade é motivo de tristeza. Tudo isso deve padecer a amada até que, depondo o peso do fardo da carne, voe dessa vida levada pelas asas do seu desejo, percorrendo com liberdade os campos da contemplação e seguindo em espírito o amado aonde quer que ele vá..

"3. Entretanto o esposo não se apresentará assim nessa rápida visita a toda alma mas somente àquela que se mostra digna esposa pela intensa devoção, pela doçura do afeto e pelo veemente desejo. Essa merece a graça da visita pela qual o Verbo, tomando a forma de esposo e revestido de glória, vem até ela.

Quem ainda não chegou a esse amor, mas está tomado de compunção com a lembrança de seus atos passados, falando na amargura de sua alma, diz a Deus: *Não me condenes* (Jó 10,1). Talvez ainda seja perigosamente tentado, seduzido e arrastado pela própria concupiscência. Tal pessoa não o busca como esposo mas como médico, por isso não receberá abraços e beijos mas apenas os remédios do óleo e dos ungüentos para suas feridas. Acaso não estamos muitas vezes nesse estado e nos sentimos assim na oração, nós que, cada dia, ainda experimentamos o peso das tentações e das faltas passadas? De quantas amarguras me livraste com tua chegada, ó bom Jesus! Quantas vezes, após angustiados prantos, inenarráveis gemidos e soluços, ungistes minha consciência ferida com o ungüento de tua misericórdia e sobre mim derramaste um óleo de alegria! Quantas vezes iniciei a oração sem esperança e a terminei cheio de exultação e confiante na graça do teu perdão?"

Sermão sobre o Cântico *74, 5-6*

"5. Suportai agora um pouco minha insensatez. Desejo narrar-vos, pois a isso me comprometi, o que ocorre comigo a esse respeito. Certamente não convém, mas procurarei ser sincero para vosso proveito. Se assim for, será um consolo para minha insensatez, caso contrário, reconhecerei minha imprudência. Confesso-vos que o Verbo – falovos como um insensato – veio também até mim e muitas vezes. Embora tenha entrado em mim com freqüência não senti sempre o momento de sua entrada. Senti-o presente e recordo-me de sua ausência, pude mesmo pressentir sua chegada, mas nunca senti-la, da mesma forma que não percebi sua saída. Confesso ignorar de onde veio quando entrou em minha alma e para onde retornou quando dela se foi, assim como ignoro por onde entrou ou saiu, segundo o que está escrito: *Não sabes de onde vem nem para onde vai* (Jo 3,8). Não me admiro disso pois dele mesmo foi dito: *E os seus vestígios não serão conhecidos* (sl. 76,20). Não entrou pelos olhos, pois não tem cor, nem pelos ouvidos pois não emite som, não foi pelas narinas já que não se mistura aos ares mas sim à mente. Também não impregna o ar que por Ele foi criado, nem vem pela garganta porque não pode ser mastigado nem sorvido. O tato igualmente não percebe sua chegada porque não é palpável. Por onde entrou então? Teria acaso entrado se não vem de fora? Na verdade não é algo exterior. Certamente não veio de dentro de mim porque é bom e sei que o bem não está em mim. Subi acima de mim mesmo e vi que o Verbo está ainda mais alto. Como um explorador curioso desci ao mais profundo de mim mesmo e percebi que estava ainda mais abaixo. Olhei para fora e descobri que estava além do que me é externo. Olhei para dentro e descobri-o mais interior a mim que eu a mim mesmo. Reconheci então a verdade do que havia lido: *Nele existimos, nos movemos e somos* (At 17,28). Feliz aquele em quem Ele está, que para Ele vive e que por Ele é movido.

"6. Haverás então de perguntar-me, se seus caminhos são insondáveis, como soube estar presente? Ele é vivo e eficaz, assim que entrou despertou minha alma adormecida, moveu, abrandou e feriu meu coração que era de pedra e doente. Começou também a arrancar e destruir, edificar e plantar, regar o que era árido, iluminar as trevas, abrir o que estava fechado, inflamar o que era frio, endireitar o que era torto e aplainar os caminhos para que minha alma pudesse bendizer o Senhor e todo meu ser glorificasse o seu santo nome. Assim, tendo entrando em mim o Verbo Esposo algumas vezes, nunca deu a conhecer os indícios de sua vinda, nem com sua voz, nem com sua face, nem com o ruído de seus passos. Não notei nenhum de seus movimentos mas penetrou no mais profundo de mim mesmo sem que meus sentidos o pudessem perceber. Só compreendi que estava presente, como disse antes, pelo movimento de meu coração. Observei o poder de sua força pela fuga dos vícios e o domínio dos afetos carnais. Admirei-me com a profundidade de sua sabedoria pela capacidade que adquiri de me acusar de meus pecados ocultos. Experimentei sua bondade e mansidão pela correção de meus costumes. Conheci algo de sua beleza pela reforma e renovação de meu espírito, ou seja, do homem interior. Enfim, fiquei maravilhado com a imensidão de sua grandeza ao contemplar todas essas coisas ao mesmo tempo."

10. A Cristologia de Bernardo

O Cristo foi um tema central na obra de São Bernardo. Seus escritos ultrapassam de longe neste ponto o nível das obras meramente devocionais, contendo uma verdadeira e enriquecedora teologia da Encarnação. Sem ser um teólogo sistemático, Bernardo deixou uma contribuição que merece ser estudada. Os textos apresentados aqui abordam duas de suas intuições mais originais: o motivo da Encarnação e a distinção – que afeta sobretudo os que crêem – entre o Verbo Encarnado antes e depois da Ascensão.

Primeiro Sermão para o Advento, 6-7

"6. ...Mas vejamos o que segue. Embora a matéria seja abundante, a premência do tempo impede que me estenda neste sermão. Aos que consideravam a identidade do que vem apareceu uma grande e inefável majestade. Indagando de onde veio, descobriram o largo caminho que percorreu, segundo o testemunho daquele que foi iluminado com espírito profético: *Eis*, diz, *que o nome do Senhor vem de longe* (Is 30,27). Enfim, aqueles que se perguntam para onde vem deparam com uma inestimável e insondável liberalidade que fez com que aceitasse descer ao horror desse cárcere deixando sublimidade tão elevada.

Poderá alguém duvidar que algo de muito grande estivesse em causa para que tão grande majestade, vinda de tão longe, se dignasse descer a um lugar tão indigno? Certamente foi algo muito grande, uma imensa misericórdia, uma grande comiseração e uma caridade copiosa. E para que veio? Que devemos crer a esse respeito? É isto que agora cabe investigar, seguindo a ordem que nos impusemos. Não é necessário um grande esforço neste ponto, pois são claras tanto a causa de sua vinda como suas palavras, assim como são também eloqüentes suas obras. Veio buscar pelos montes a centésima ovelha que estava perdida. Veio por nossa causa, a fim de que, mais abertamente, *louvem o Senhor por suas misericórdias e pelas maravilhas que operou em favor dos filhos dos homens* (sl. 106, 15). Que admirável é a condescendência do Deus que busca e como é grande a dignidade do homem que é assim buscado! E se quiser disso gloriar-se, não será insensato. Pois não estará tirando sua glória de si mesmo mas do que Deus fez em seu favor. Toda a glória do mundo, todas as suas riquezas ou tudo o que nele se pode desejar vale menos que essa glória. Na verdade, não há comparação possível. Senhor, *que é o homem para que o exaltes e te apegues a ele com teu coração* (sl.143,3)?"

Tratado do Amor de Deus VII, 22

"Disse acima que a razão para amar a Deus é o próprio Deus. Creio que o disse corretamente pois é a causa eficiente e final do seu amor. Ele mesmo proporciona a ocasião, cria a afeição e consuma o desejo. Ele fez, ou antes, fez-se homem, para que o amássemos. É toda nossa esperança e a quem haveremos de amar com grande felicidade para que não tenha sido amado em vão. Seu amor incita o nosso e é também sua paga. Precede no amor porque é mais benigno, recompensa o nosso porque é mais justo e torna-se o objeto de uma ansiosa expectativa porque mais suave. É rico para todos os que o invocam, nem se pode dizer que haja algo melhor que Ele. Deu-se para ser nosso mérito, reserva-se como nosso prêmio, enfim, oferece-se como refeição às almas santas e entrega-se à paixão para a redenção das cativas. És bom, Senhor, para a alma que Te busca. Que serás então para aquele que Te encontra?"

Sermões Diversos, n° 29, 3

"3. Vendo porém que nada conseguia, disse: 'Resta-me ainda um recurso. Há no homem não só o temor e o desejo mas também o amor. Nada tem sobre ele maior poder de atração.' Veio então na carne e mostrou-se inteiramente digno de nosso amor ao exercer para conosco uma caridade que ninguém pode superar pois entregou sua vida por nós. Quem não quiser se deixar converter diante disso, não há de ouvir com razão aquela censura: *Que mais poderia fazer por ti que não tenha feito* (Is 5,4)? De fato, Deus em nada demonstra tanto seu amor quanto nos mistérios da Encarnação e da Paixão. Nada revela tanto sua piedade ou sua bondade quanto sua humanidade, como atesta o Apóstolo: *Apareceu a bondade e a humanidade de Deus nosso Salvador* (Tit 3,4). Seu poder estava oculto porque veio na fraqueza. Por isso disse Habacuc: *Sua força se esconde* – sem dúvida refere-se à cruz – *lá onde saem raios de suas mãos* (Hab 3,4). Também a Sabedoria se ocultou e se encarnou: *aprouve-lhe salvar os que crêem pela loucura do Verbo* (1Cor 1,21). Não se fez de certo modo louco o que entregou sua vida à morte, carregou os pecados de muitos e restituiu o que não havia tirado? Não estava embriagado com o vinho da caridade e num perfeito esquecimento de si próprio quando rejeitou o conselho de Pedro que disse: 'Tem compaixão de ti mesmo'? Assim a força estava escondida e, mais que isso, a Sabedoria velada e encarnada. Mas a bondade não pôde ser manifestada de forma mais ampla nem expressa de maneira mais abundante ou atestada de modo mais evidente."

Terceiro Sermão para a Ascensão, 3-4

"3. O Senhor apresentou-se de tal modo aos Apóstolos que já não necessitavam conhecer o que é invisível em Deus através das coisas criadas, pois podiam ver face à face Aquele mesmo que criou todas as coisas. Mas como os discípulos eram carnais e Deus é espírito, e não se harmonizam bem a carne e o espírito, adaptou-se a eles com a sombra de seu corpo para que, através de sua carne cheia de vida, vissem o Verbo na carne, o sol na nuvem, a luz na lanterna e a vela no lampadário. Pois *Espírito de nossa boca é o Cristo Senhor*, a quem dizemos: *à tua sombra vivemos entre os povos* (Lam 4,20). À *sombra*, diz, *entre os povos*, não entre os anjos, onde contemplaremos com puríssimos olhos a puríssima luz. Por isso também o poder do Altíssimo cobriu a Virgem com sua sombra, evitando que aquela águia singular, ferida por seu extraordinário esplendor, não pudesse suportar o fulgor da divindade. Apresentou-se-lhes na carne, para atrair à sua carne que dizia e operava maravilhas seus pensamentos ainda presos às coisas humanas e, assim, levá-los a passar da carne ao espírito, porque *Deus é espírito e os que o adoram devem fazê-lo em espírito e verdade* (Jo 4,10). Não te parece que iluminou suas inteligências quando abriu-lhes os corações para compreender as Escrituras, mostrando-lhes que o Cristo devia padecer, ressurgir dos mortos e assim entrar em sua glória?

"4. Mas eles estavam tão acostumados com sua carne santíssima que não podiam ouvir o que lhes dizia a respeito de sua partida, em que deixaria aqueles que por Ele tudo tinham deixado. Qual a razão disso? Sua inteligência tinha sido iluminada mas seu afeto não tinha sido purificado."

11. A Mariologia de Bernardo

O Abade de Claraval adquiriu, com o correr do tempo, a fama e a reputação de um grande devoto de Maria e autor de escritos em seu louvor. Muitas obras marianas lhe foram falsamente atribuídas. Há ainda episódios lendários que o ligam à Virgem, como a inclusão das três aclamações finais da Salve Regina ou a autoria da tão repetida expressão "de Maria nunquam satis". O que dizer de tudo isso? Na verdade, no conjunto geral de seus escritos, a parte dedicada a Maria é modesta. Igualmente sua doutrina marial está estritamente dentro do quadro da reflexão que se fazia a esse respeito em sua época. Contudo, se escreveu relativamente pouco sobre o assunto, quando o fez, foi de forma muito feliz. Mesmo sem ter escrito obras específicas além de uma série de sermões que se tornaram famosos, sua obra mariana é de grande valor, tanto pelo estilo quanto pelo conteúdo. Esses escritos, além das referências esparsas à Virgem que podem ser achadas em outras passagens, foram suficientes para lhe grangear a reputação de ardoroso devoto e doutor mariano. A título de ilustração, estão aqui selecionadas alguns textos significativos que não são porém os mais divulgados.

Sermão sobre o Cântico 29, 8

"8. Também o amor de Cristo é como uma flecha escolhida que foi cravada na alma de Maria e a traspassou, para que em seu peito virginal nenhuma parte ficasse vazia de amor e pudesse assim amar com todo o coração, com toda a alma e com toda força e fosse verdadeiramente cheia de graça. Traspassou-a para que chegasse até nós e, de sua plenitude, todos nós recebêssemos, tornando-se dessa forma mãe daquela caridade cujo pai é o próprio Deus que é caridade. Deu à luz e colocou sua tenda no sol para que se cumprisse a Escritura que diz: *Coloquei-te como luz das nações para que sejas minha salvação até os confins da terra* (Is 49,6). Isso se cumpriu por Maria que deu à luz em carne visível Àquele que, invisível, não possui carne nem foi concebido pela carne. Toda ela foi atingida pela grande e suave ferida do amor. De minha parte, julgar-me-ia feliz, se ao menos me sentisse penetrado pela ponta dessa espada para que, recebendo uma pequena ferida desse amor, pudesse também minha alma dizer: *Estou ferida de amor* (Ct 2,5 sg. LXX)."

Em louvor da Virgem Maria 1, 5-7

"O anjo Gabriel foi mandado àquela cidade. A quem? *A uma Virgem desposada com um homem cujo nome era José* (Lc 1,27). Quem é essa Virgem tão venerável para ser saudada pelo anjo e tão humilde que havia desposado um operário? Bela união de virgindade e de humildade! Não agrada pouco a Deus essa alma em que a humildade atesta a virgindade e a virgindade é ornada pela humildade. Mais digna ainda de veneração é aquela em quem a fecundidade exalta a humildade e a maternidade consagra a virgindade. Ouves dizer que é humilde e virgem: se não podes imitar a virgindade da que é humilde, imita ao menos a humildade da que é virgem. A virgindade é uma virtude digna de louvor mas a humildade é mais necessária. Uma é aconselhada, outra preceituada. À primeira és convidado, mas à segunda és obrigado. Daquela se diz na Escritura: *Quem pode compreender, compreenda* (Mt 19,12). E desta: *Quem não se fizer como este pequenino não entrará no reino dos céus* (Mt 18,3-4). Enquanto uma será recompensada, a outra é exigida. Podes ser salvo sem a virgindade mas não sem a humildade. A humildade que chora a virgindade perdida pode agradar a Deus mas, sem a humildade, ouso dizê-lo, nem a virgindade de Maria lhe seria agradável... Portanto, se Maria não fosse humilde, o Espírito não teria nela repousado e se não tivesse repousado, também não a teria fecundado.

E como dele conceberia sem que a ela tivesse vindo? É certo porém que concebeu do Espírito Santo como ela mesmo proclama: *Deus olhou para a humildade de sua serva* (Lc 1,48). Não foi para sua virgindade que olhou em primeiro lugar. Mesmo se agradou por sua virgindade, foi por sua humildade que concebeu. De onde se conclui que, para que a virgindade agradasse, foi necessária a humildade.

A virgindade não é de todos. Em poucos, aliás, está unida à humildade. Se, portanto, só te é possível admirar a virgindade de Maria, procura ao menos imitar sua humildade e isto te basta. Pois, quem quer que sejas, se és virgem e também humilde, grande és.

Há algo ainda que mais deves admirar em Maria: a maternidade unida à virgindade. Jamais se ouviu que alguém fosse mãe e ao mesmo tempo virgem. Se consideras de quem é mãe, até onde não chegará tua admiração por sua mais que admirável grandeza? Certamente não irá até aquele ponto em que sintas não poder admirar suficientemente? Não te parece, segundo teu juízo, ou antes, segundo o juízo da própria Verdade, que merece, como mãe de Deus, ser exaltada acima de todos os coros angélicos?"

Em louvor da Virgem Maria 2, 1-2 e 4

"O Criador dos homens quis, ao tornar-se homem, nascer também do homem e por isso devia escolher, ou antes criar, uma mãe tal que fosse digna dele e lhe agradasse. Quis assim o que purifica de toda mácula que fosse virgem imaculada aquela da qual haveria de proceder igualmente imaculado. Quis também que fosse humilde a mãe da qual viria manso e humilde de coração, a fim de ser para todos o exemplo necessário e salutar dessas virtudes.

Portanto, para que fosse santa no corpo aquela que deveria conceber e dar à luz o Santo dos Santos, foi-lhe concedido o dom da virgindade. Mas para que também o fosse no espírito, foi-lhe dada humildade. Essa Virgem real, ornada com as gemas de tais virtudes, resplandecente pelo fulgor tanto do corpo quanto do espírito, atraiu, assim que conhecida no céu, o olhar de seus cidadãos e fez com que o desejo do Rei para ela se inclinasse, vindo-lhe do alto o mensageiro celeste.

O anjo, diz a Escritura, *foi mandado a uma virgem* (Lc 1,26-27): virgem na carne e no espírito, virgem pelo modo de vida, virgem enfim, como descreve o Apóstolo, santa no corpo e na alma. Não foi encontrada por acaso ou no último momento, mas escolhida desde sempre, predestinada pelo Altíssimo e para Ele preparada, guardada pelos anjos, prefigurada pelos Patriarcas e prometida pelos Profetas."

Segundo Sermão para o Advento, 5

"Conduze-nos a teu Filho, ó bendita que encontraste graça, mãe da vida e da salvação, para que sejamos acolhidos por Aquele que de ti recebemos. Que a tua integridade pese mais junto a Ele que a culpa de nossa corrupção e que a tua humildade, agradável a Deus, obtenha o perdão para nossa vaidade. Cubra tua abundante caridade a multidão de nossos pecados e tua gloriosa fecundidade nos faça fecundos também em méritos. Senhora nossa, mediadora nossa, advogada nossa, reconcilia-nos com teu Filho, recomenda-nos a teu Filho, representa-nos junto dele. Faz, ó bendita, pela graça que recebeste, pela prerrogativa que mereceste, pela misericórdia que geraste, que Aquele que, através de ti, dignou-se tornar participante de nossa miséria e fragilidade, também, por tua intercessão, nos associe a sua glória e felicidade, Ele, Jesus Cristo, o Senhor Nosso, bendito acima de todas as coisas pelos séculos dos séculos."

12. A antropologia de Bernardo

Já se disse que os cistercienses foram doutores da alma e psicólogos, não por certo no sentido moderno desse conceito, mas dentro da tradição da reflexão contemporânea a respeito do homem e de suas faculdades. Esse tipo de indagação estava a serviço da preocupação com a busca de Deus e procurava responder à questão referente às possibilidades, condições e razões dessa busca por parte do homem. Sobretudo nos tratados que escreveu, Bernardo tentou investigar esses problemas.

Tratado do Amor de Deus II, 2 e 3

"Quanto aos bens superiores, o homem deve buscá-los naquela parte de seu ser que é mais eminente, ou seja, sua alma. Tais bens são: a dignidade, a ciência e a virtude. Por sua dignidade entendo o livre-arbítrio que o coloca acima das demais criaturas e o faz dominar sobre elas. A ciência faz com que conheça sua dignidade e, ao mesmo tempo, que esta não vem de si mesmo. Enfim, pela virtude procura com ardor o seu Autor e a Ele se apega fortemente quando o encontra... A dignidade para nada serve sem a inteligência, constitui-se mesmo num obstáculo se não está unida à virtude... De fato, que glória há em possuir um bem cuja posse ignoras? Além do mais, saber que o tens mas ignorar de quem o tens pode ser causa de glória, porém não diante de Deus.

É pois necessário que saibas duas coisas, quem és e o que não és por ti mesmo, não tanto para que não te glories mas para que não o faças em vão. *Se não te conheces a ti mesma*, diz a Escritura, *segue os rebanhos dos teus companheiros* (Ct 1,6-7). É o que realmente acontece quando o homem, criado com essa dignidade, não a reconhece e se torna, por isso mesmo, comparável aos animais que são seus semelhantes na sua atual corrupção e mortalidade. Não conhecendo a si mesma, essa criatura tão elevada pelo dom da razão que recebeu, junta-se aos rebanhos dos irracionais, e, então, ignorando sua própria glória que é toda interior, deixa-se arrastar por sua curiosidade e se conforma às coisas exteriores e sensíveis. Faz-se igual à demais criaturas, porque não compreende ter recebido mais que elas."

Tratado da Graça e do Livre-arbítrio, 6, 7 e 16

"Só a vontade, em razão de sua liberdade inata, não pode ser constrangida por nenhuma força ou necessidade a consentir em algo que não queira ou pôr-se em desacordo consigo mesma. Por isso é ela que torna uma criatura justa ou injusta, digna e capaz de miséria ou felicidade, segundo tenha consentido na justiça ou na injustiça.

Existem pois, como dissemos, três espécies de liberdade, com relação à necessidade, ao pecado e à miséria. A primeira nos vem da natureza, a segunda nos é devolvida pela graça e a última só nos será dada na pátria da eternidade. Chamaria à primeira liberdade natural, à segunda liberdade da graça e à terceira liberdade da vida ou da glória. A primeira é algo que muito honra o homem, a segunda confere muita força e a terceira cumula de felicidade. Pela primeira somos superiores às demais criaturas, pela segunda subjugamos a carne e pela terceira vencemos a morte.

Pelo livre-arbítrio temos a capacidade de querer mas não o poder de fazer o que queremos. Não digo tanto o querer o bem ou o mal, mas simplesmente o querer. De fato, querer o bem é algo que nos faz progredir e querer o mal nos faz decair. O que na realidade progride ou decai é o simples querer. Essa capacidade, considerada em si mesma, nos veio da graça que nos criou. Contudo progredir pela busca do bem é obra da graça que nos salvou, enquanto decair pela escolha do mal é fruto apenas do querer livre. Assim, o livre-arbítrio nos dá o poder de querer indiferentemente, porém só a graça o de querer o bem."

Sermão sobre o Cântico 81, 11

"Seja como for, deixo para vossa consideração essas três prerrogativas da alma: simplicidade, imortalidade e liberdade. Creio que já vedes com clareza que a alma, semelhante por essas três qualidades inatas e enobrecedoras, possui uma não pequena afinidade com o Verbo..."

Sermão sobre o Cântico 83, 1

"A alma ousará também aspirar às núpcias com o Verbo, não temerá contrair aliança com Deus nem se sentirá intimidada em levar o suave jugo de amor com o Rei dos anjos. O que não ousará, cheia de segurança, diante daquele de quem carrega a nobre imagem e a quem sabe ser semelhante? Que temeria da majestade se, por sua origem, pode ter confiança? Só lhe cabe conservar pela honestidade de vida a integridade de sua natureza. Mais ainda, deve esforçar-se em aumentar e avivar a beleza celeste que originalmente recebeu com as cores da dignidade dos costumes e das afeições."

Sermão sobre o Cântico 80, 2 e 3

"Que tem a alma a ver com o Verbo? Muito, em todos os sentidos. Em primeiro lugar, são tão próximos pela natureza que este é imagem e aquela feita à imagem. Depois, essa afinidade é confirmada pela semelhança. Pois foi feita não só à imagem mas também à semelhança. Perguntarás agora, em que são semelhantes? Escuta primeiro como é feita a sua imagem. O Verbo é verdade, sabedoria e justiça: eis a imagem. De quê? Da justiça, sabedoria e verdade. Esta Imagem é justiça da justiça, sabedoria da sabedoria e verdade da verdade assim como luz da luz e Deus de Deus. A alma não é nenhuma dessas coisas porque não é imagem. Contudo é capaz de todas elas e pode desejá-las. Por isso diz-se ter sido feita à imagem."

"Pois, como disse acima, se a alma é grande enquanto capaz das coisas celestes e reta enquanto as deseja, nos que não buscam nem saboreiam o que é do alto, não é mais reta porém curva, embora nem por isso deixe de ser grande já que permanece capaz de eternidade."

Tratado da Graça e do Livre-arbítrio, 28

"Creio que a imagem e semelhança do Criador segundo as quais fomos criados consiste sobretudo nessas três liberdades. A imagem está na liberdade de arbítrio e uma certa semelhança bipartida acha-se nas duas outras [*ou seja, o livre conselho e a livre complacência*]. Assim, tendo em si impressa a imagem substancial da eterna e incomunicável divindade, só o livre-arbítrio não pode sofrer lesão ou diminuição.

Embora [*o livre-arbítrio*] tenha tido um início não terá fim, não aumentará com a glória ou a justiça nem poderá diminuir em razão do pecado ou da miséria. Há algo mais semelhante à eternidade que não seja a própria eternidade?"

Sermão sobre o Cântico 81, 4 e 6

"Só a alma humana, que está nesse grau, foi criada com essa dignidade que a fez vida do que é Vida, simples do que é Simples, imortal do que é Imortal. Não está portanto longe do grau mais eminente em que o ser e a vida bem-aventurada identificam-se e onde está só o único que é bem-aventurado e onipotente, Rei dos reis e Senhor dos senhores."

"Uma propriedade ainda me ocorre e não calarei sobre ela porque não só não diminui mas, ao contrário, talvez aumente a nobreza e a semelhança. Trata-se do livre-arbítrio, algo de manifestamente divino que brilha na alma como uma pedra preciosa engastada no ouro. Graças a ele a alma tem o conhecimento para julgar e a possibilidade de escolher entre o bem e o mal, a vida e a morte ou ainda entre a luz e as trevas. Em tudo o que está ao alcance do espírito permite essa escolha entre opostos. Esse olho da alma, censor e juiz entre todas essas coisas, julga e discerne, decidindo como um árbitro e escolhendo livremente. Daí ser chamado livre-arbítrio porque permite à vontade escolher o que lhe parece melhor."

Tratado da Graça e do Livre-arbítrio, 32

"Nem mesmo neste mundo poderíamos encontrar essa semelhança e até a imagem ainda estaria disforme e feia se aquela mulher do Evangelho não tivesse acendido sua lâmpada, ou seja, se a Sabedoria não tivesse aparecido na carne, varrido a casa, isto é, limpado dos vícios, procurado sua dracma perdida que é sua imagem privada da beleza original e como que coberta pela sórdida poeira do pecado, enfim se não a tivesse lavado e retirado do país da dessemelhança, reformando-a em sua antiga formosura e fazendo-a semelhante aos santos em sua glória, ou antes, tornando-a em tudo conforme a si mesma, para que se cumprisse aquela palavra da Escritura: *Sabemos que, quando aparecer, seremos a Ele semelhantes, pois o veremos como Ele é* (1Jo 3,2)."

VIII. Pequena Bibliografia

1. Para conhecer a vida de São Bernardo:

- *Vida de São Bernardo*, por Pierre Riché, tradução do original francês, edições Loyola, São Paulo, 1991, 100 p.;
- *São Bernardo e o espírito cisterciense*, tradução *pro manuscripto* da clássica obra de D. Jean Leclerc publicada em francês, disponível nos mosteiros cistercienses;
- *São Bernardo e a arte cisterciense*, por Georges Duby, tradução do original francês, Martins Fontes, São Paulo, 1990, 160 p.;

2. Para conhecer as obras de São Bernardo:

Em português:

Sermões para as festas de Nossa Senhora, tradução de Frei Ary Pintarelli, Petrópolis, 1999

Em outras línguas:

A publicação mais acessível aos leitores de língua portuguesa é a edição das Obras Completas de São Bernardo preperada pelos monges cistercienses da Espanha e lançada pela BAC (Biblioteca de Autores Cristianos) em oito volumes entre 1983 e 1993 (BAC n°s 444, 452, 469, 473, 491, 497, 505 e 527). Trata-se de um texto crítico e bilíngüe (latim-espanhol), com excelentes introduções e notas. Está em curso de publicação uma edição italiana pelo Scriptorium Claravallense e uma francesa pela coleção Sources Chrétiennes, ambas com as mesmas características da edição espanhola referida.

IX. Breve Cronologia

1. A vida de São Bernardo

1090 Nascimento no castelo familiar em Fontaines-lès- Dijon.

1112 Bernardo, após um momento de crise, decide fazer-se monge e recruta um grupo de parentes e amigos para juntos entrarem no mosteiro.

1113 Entrada na Abadia de Cister.

1115 Fundação de Claraval, Bernardo designado abade.

1118 Bernardo envia monges para fundar Trois Fontaines, primeira filha de Claraval.

1121 Redação de sermões que darão origem ao *Tratado sobre os Graus da Humildade e Soberba*, concluído em sua forma definitiva antes de 1125.

1125 Tratado do Amor de Deus.

1127 *Tratado sobre a Graça e o Livre-arbítrio.*

1129 Concílio de Troyes que aprova a Ordem dos Cavaleiros do Templo e onde Bernardo desempenha importante papel.

1130 O monge de Claraval Balduíno torna-se o primeiro cardeal cisterciense.

1131 Bernardo viaja pela Europa em defesa da causa do Papa Inocêncio II por ocasião do chamado cisma de Anacleto.

1135 Bernardo é a figura dominante no Concílio de Pisa que apóia o papa InocêncioII e condena Anacleto.

Início da redação dos sermões sobre o Cântico dos Cânticos

Bernardo mais uma vez na Itália para promover a reconciliação do papa com o rei Rogério da Sicília.

1140 Ação de Bernardo, exigida por seus amigos, junto aos bispos reunidos no concílio de Sens, para promover a condenação dos erros de Abelardo.

1145 Eleição do papa Eugênio III, antigo monge de Claraval.

1146 Bernardo prega na Assembléia de Vézelay em favor da cruzada suscitando geral entusiasmo.

Na Alemanha, Bernardo sai em defesa dos judeus perseguidos por incitação do monge Raul.

1147 Ação de Bernardo no concílio de Étampes e na dieta de Frankfurt em favor da 2ª Cruzada; partida dos cruzados.

1148 Bernardo desempenha papel capital na condenação da doutrina do bispo Gilberto de la Porrée, bispo de Poitiers.

1149 Da Consideração, tratado redigido com conselhos ao papa Eugênio III.

1153 Viagem à Lorena em missão de paz.

Morte em Claraval a 20 de agosto.

1174 Canonização pelo papa Alexandre III.

1830 Bernardo é proclamado Doutor da Igreja.

2. O Tempo de São Bernardo

1195 Início da 1º Cruzada.

1199 Queda de Jerusalém conquistada pelos cruzados.

Reino Latino na Palestina.

1120 Fundação da Ordem dos Cavaleiros do Templo ou Templários.

1122 Concordata de Worms que põe fim ao longo conflito entre o papado e o império a respeito das investiduras eclesiásticas.

1124 Grave crise na Abadia de Cluny.
1130 Dupla eleição papal em Roma, início do cisma de Anacleto.
1137 O papa Inocêncio II retorna a Roma (acompanhado de Bernardo).
1139 II Concílio de Latrão (ecumênico).
1144 O emir de Mossoul toma o principado cristão de Edessa fundado na 1ª Cruzada.
1148 Malogro definitivo da 2ª Cruzada.
1152 Frederico Barba-Roxa torna-se imperador.
1153 Morte do papa Eugênio III.

Pe. Luis Alberto Ruas Santos O. Cist.

X. Mosteiros Cistercienses no Brasil

Ordem Cisterciense – O. Cist.:

Ramo Masculino

Abadia de N. Sra. da Assunção de Hardehausen-Itatinga
Caixa Postal, 17
18690-000   Itatinga – SP
tel. (014) 6854-1102
e-mail: hardehausen@laser.com.br

Mosteiro de N. Sra. de Santa Cruz
Caixa Postal, 2
18480-000   Itaporanga – SP
tel. (015) 565-1245

Mosteiro dos Cistercienses
44815-000   Jequitibá, Mundo Novo – BA
tel. (074) 229-8159

Abadia de N. Sra. de São Bernardo
Caixa Postal, 71
13720-000   São José do Rio Pardo – SP,
tel.(019) 680-4675

Abadia de Claraval
37997-000   Claraval/MG
tel. (O34) 353-5217

Ramo feminino

Abadia de N. Sra. de Fátima
Caixa Postal, 30
18460-000   Itararé – SP
tel. (015) 532-1411

Mosteiro N. Sra. de Santa Cruz
Caixa Postal, 43
87920-000   Sta. Cruz do Monte Castelo – PR
tel. (044) 452-1298

Mosteiro Cisterciense de N. Sra. Aparecida
Caixa Postal 933
79002-970   Campo Grande – MS
tel. (067) 741-2235

Ordem Cisterciense da Estrita Observância – Ocso (monges):

N. Sra. do Novo Mundo, Mosteiro Trapista
83870-000   Campo do Tenente – PR
tel./fax (041) tel. (041) 628-1264

Esta obra foi composta em Garamond e
Geometr 321 Lt Bt na Musa Editora, em Maio
de 2001 e impresso pela Geográfica Editora
em São Paulo, SP - Brasil,
com filmes fornecidos pelo editor.